LES FRUITS

DE LA

RÉVOLUTION

PAR

Le Comte LÉO de SAINT-PONCY

PARIS
GAUME ET Cie, ÉDITEURS
3, RUE DE L'ABBAYE, 3

1893

LES FRUITS

DE LA

RÉVOLUTION

3564-92. — CORBEIL. Imprimerie CRÉTÉ.

LES FRUITS

DE LA

RÉVOLUTION

PAR

Le Comte LÉO de SAINT-PONCY

PARIS
GAUME ET Cie, ÉDITEURS
3, RUE DE L'ABBAYE, 3

1893

AVANT-PROPOS

Fontenelle avait coutume de dire que, s'il avait la main pleine de vérités, il ne l'ouvrirait pas, de peur d'en laisser échapper quelques-unes. Cette maxime, qui porte l'empreinte d'un égoïsme raffiné, guide nombre de gens, quoique méritant plutôt improbation qu'éloge. N'est-il pas bon que parfois une main, franchement ouverte, laisse tomber une poignée de vérités ; que, par exemple, un homme touchant au terme de la vie, n'aspirant plus à rien, pas même à la longévité du spirituel épicurien, consigne les observations recueillies à travers une route déjà bien longue, à condition toutefois d'apporter dans cette confidence, en quelque sorte testamentaire, un esprit entièrement dégagé de toute intention de critique, d'allusion ou de censure à l'égard des personnes prises individuellement, mais en même temps avec la plus ferme indépendance dans les appréciations générales? Telle est l tâche, peut-être ingrate et téméraire, que je m suis tracée, m'inspirant pour l'accomplir, sans ma veillance ni défaillance, de ces deux termes de l devise d'un de mes ancêtres : *Ni crainte ni envie*

8 décembre 1892.

LES

FRUITS DE LA RÉVOLUTION

I

Chaque siècle a son cachet particulier. Le XVIe, sans aller plus loin, se caractérise par le déploiement de l'énergie individuelle ; le XVIIe par la grandeur et l'unité ; le XVIIIe par le scepticisme dissolvant ; le XIXe par l'incohérence des essais et la décomposition progressive ; le XXe verra sans doute l'apothéose de l'anarchie. Quand par malheur des mains imprudentes se mettent à remuer le fond d'une nation, il faut s'attendre à de formidables bouillonnements. Les passions entrent en ébullition, les ambitions s'allument, les rangs se brouillent, et le chaos survient.

On ne cesse de s'étonner de la marche des événements ; elle est cependant absolument logique, non qu'il faille recourir au sophisme fataliste, aussi erroné qu'immoral, mais, parce qu'il y a des conséquences naturelles, rigoureuses, sans être forcé et nécessaires. Les hommes préposés à la condui des peuples puisent dans le cours des choses matière première, qui leur sert à façonner la tran de l'histoire dans la mesure de leur habileté. I génie et le courage savent imprimer aux événemen l'impulsion, que subissent passivement l'incapaci et la faiblesse. Mais le génie est rare, et le coura fait souvent défaut.

La situation actuelle de la France s'explique p la révolution de 1789, qui ne doit pas être regard seulement comme un grand événement, mais bi comme une *époque*, selon Joseph de Maistre, ajo tant, avec non moins de sagacité : « Malheur au générations qui assistent aux époques du monde ! Elle a clos l'ancien régime de la France, et donn naissance à un état de choses nouveau, qui, n'e encore ni bien défini ni assis, mais qui, de chute e chute, aboutit à la pure démocratie. Rien ne re semble moins à la France ancienne que la nouvel France. La crise de 1789 a creusé un précipice t qu'elles ne peuvent ni se ressouder, ni à peine s reconnaître. Nombre de gens, instruits du reste sont aussi ignorants de l'état ancien de leur pay que de celui de l'Inde ou de la Chine, tant le bou leversement a été radical et profond. Celui qu aurait connu la France au XVIIIe siècle, ne pour rait la reconnaître au XIXe ; entre ces deux siècle un intervalle autrement considérable que cel marqué par le chiffre numérique des année s'est interposé. C'est qu'entre eux est surven un cataclysme unique dans son genre, par la violence et la brusquerie de ses effets destructeurs. La dynamite, qui pulvérise ce qu'elle atteint, peut seule donner l'idée de sa puissance dévastatrice.

La révolution française s'est proposé deux buts : le premier d'abolir l'ancien régime; le second d'en créer un tout nouveau, de recommencer l'histoire, selon l'arrogante prétention de Barrère. Sur le premier point, elle a pleinement réussi; pour le second complètement échoué. En effet, la révolution a tout anéanti, institutions politiques et sociales, économiques et religieuses, coutumes, mœurs, vie publique et privée; le caractère de la nation a même été modifié; sa physionomie se révèle sous des traits différents. Mais, si elle a tout détruit, elle n'a rien reconstitué : son œuvre est essentiellement négative; c'est son cachet tout exceptionnel et en même temps sa condamnation, car un travail de pure destruction reste une monstruosité. Cette pensée arrachait à Mirabeau ce cri, où perce le remords : « Je ne voudrais pas avoir travaillé seulement à une grande destruction ».

Longtemps on a regardé sans contestation 89 comme une date glorieuse. Les générations, qui se succédaient, se transmettaient cette admiration superstitieuse comme un legs accepté sans examen. Cette croyance généralement admise avait acquis force de chose jugée; nulle voix ne s'élevait pour protester. Tant il est vrai que l'école dite libérale, qui a tant crié contre les préjugés, les a remplacés par des préjugés à rebours; c'est ce que, dans le jargon moderne, on nomme des *clichés*. Chose vraiment singulière! Tous les partis se réclament des principes de 89, invoquant le vague formulaire qui s'en dégage. Il faut lire le grand ouvrage de M. Taine, sur les *Origines de la France contemporaine*, pour comprendre le vide des théories gouvernementales de l'Assemblée constituante qui, en définitive, ne fit que des ruines, sans rien fonder. Ce livre est l'un des plus remarquables qui aient paru de notre temps; il est certainement apprécié des gens ayant une vraie culture intellectuelle; néanmoins, relativement à son mérite, il est peu répandu. Cela ne tient-il pas à ce qu'il froisse un parti pris, une béate habitude d'approbation crédule, en quelque sorte héréditaire, pour cette aurore de l'ère nouvelle? C'est probable. Les sociétés vieillissantes sont comme les coquettes surannées; elles ne pardonnent pas au miroir fidèle qui reproduit des traits flétris. Un rapide coup d'œil sur les phases successives du cycle révolutionnaire met en relief l'étrange aberration des candides conservateurs, qui ne laissent pas échapper l'occasion de se signer à chaque évocation de la date mémorable. Le culte de 89 semble constituer une sorte de religion d'État, substituée à l'ancienne.

La révolution française, inaugurée en 1789, et se continuant toujours, n'est pas seulement une commotion politique, mais encore plus une subversion sociale.

Or toutes les perturbations de ce genre reposent

ır une coalition d'appétits. Un homme qui s'y con-ıissait, puisqu'il y coopéra grandement et s'en fit théoricien, Sieyès, en révèle parfaitement le mo-ile, lorsqu'il dit qu'en définitive une révolution est : l'antichambre voulant pénétrer dans le salon. 'image saisissante s'est complétée depuis par le ux incessant d'invasion, qui précipite vers le but onvoité les classes composant chaque degré de échelle sociale. En 1789, il ne s'agissait que de la ourgeoisie, formant le *tiers état*, qui déclara être *out*, une nation complète par lui seul, ce qui est bsurde; c'est par elle et pour elle que se fit la évolution. Quoi d'étonnant qu'elle ait désiré en ester là du mouvement, l'enrayer pour en jouir? Elle composa l'ordre nouveau des *satisfaits*. Mais, u-dessous d'elle, d'autres appétits sommeillaient et rétendaient s'assouvir. De nouvelles revendications uscitant de nouveaux troubles, chaque couche 'évertuant à supplanter les anciennes, chaque ecousse faisant tomber le pouvoir à un degré infé-ieur, le suffrage universel direct remettant l'action gouvernementale aux masses populaires, la force brutale du nombre se substituant à l'élite sociale, e niveau s'abaissant indéfiniment au point de lais-ser entrevoir dans un sombre avenir les bas-fonds en pleine souveraineté, voilà les fruits amers de la semence révolutionnaire. Car, il ne faut pas s'y trom-per, la révolution, comme la marée montante, marche toujours avec plus ou moins de rapidité selon le degré de force, d'habileté ou de moralité des gouvernements éphémères, qui se sont succédé depuis son éruption. C'est vainement qu'elle a paru s'abîmer dans les saturnales sanglantes de la *Terreur* ou les orgies du directoire. Une fortune rare lui réservait un dompteur de génie, qui l'a matée, confisquée à son profit, mais l'a sauvée, malheureusement, en la réglant, en dégageant ce qu'elle avait de pratique et l'associant à sa gloire.

L'épopée militaire du grand empereur n'est qu'un intermède merveilleux dans les fastes révolutionnaires. Dire que, grâce à Napoléon Ier, la révolution a pu survivre à ses excès semble un paradoxe, parce qu'on se leurre avec des mots; cependant rien n'est plus vrai. L'histoire du monde fourmille de contre-vérités et de contresens. Ainsi les républicains devraient bénir le 18 Brumaire, qui leur a été autrement profitable que le 14 Juillet, et les royalistes seraient en droit de la maudire, car la contre-révolution était certaine en 1799; et, si la restauration s'était faite en ce moment, elle avait chance d'accomplir sa mission réparatrice. Certes Napoléon Ier comprima la liberté, n'admit ni contrôle public, ni représentation nationale effective, ni franchises de la presse, ni enfin aucun des organes constitutifs d'un État républicain, c'est incontestable: mais la république n'était qu'une forme contingente, qu'une étiquette, dont la doctrine révolutionnaire faisait bon marché. Sa visée était la disparition de l'ancien régime, au triple point de vue religieux, civil et politique. L'œuvre colossale de Bonaparte consacrait son dogme fondamental, et par le code civil, principalement par la législation successorale, assurait la conquête de cette égalité, qui est la passion malsaine de la France moderne, et deviendra son germe de mort.

Du reste, après la chute du héros, on le vit clairement par la coalition des bonapartistes et des libéraux se ruant contre l'antique dynastie restaurée. La restauration, bien qu'elle fût le salut du pays préservé par elle du démembrement et à qui elle rendit la paix, la prospérité, la liberté politique, les institutions constitutionnelles, ne fut jamais populaire. Pourquoi? Parce qu'elle portait l'étiquette antirévolutionnaire. Ni le repos qu'elle procura à la France, ni l'éclat de sa tribune, ni la dignité de sa diplomatie, ni le magnifique épanouissement intellectuel de cette renaissance du XIXe siècle ne purent trouver grâce auprès d'une nation, qui s'opiniâtrait à voir derrière elle le fantôme de l'ancien régime. La bourgeoisie, qui composait l'état-major révolutionnaire, saisit le premier prétexte pour monter à l'assaut du pouvoir, renversa la monarchie légitime, puis, par un compromis qui suffisait aux convoitises du moment, lui substitua, comme la *meilleure des républiques*, la monarchie élective, dont une Chambre, sans mandat du reste, donna l'investiture à un prince enfant de la révolution et taché du sang de Louis XVI. Cette monarchie bâtarde, si la légitimité et la grandeur lui firent défaut, ne manqua ni de talents ni d'habileté. Une incontestable prospérité matérielle fut son partage. Le plus éloquent de ses ministres lui imprima son sceau en disant aux Français : « Enrichissez-vous ! »

Ce fut vraiment le règne de la bourgeoisie, dont elle assouvissait les ambitions et satisfaisait les intérêts. Si jadis le roi de France se proclamait le *premier gentilhomme du royaume*, le roi des Français pouvait s'intituler le *premier bourgeois* de l'État.

Mais les *satisfaits* ne représentent jamais qu'une minorité, et la majorité des appétits, se dressant contre ce que l'on appelait le *pays légal*, infligea en 1848 la peine du talion aux vainqueurs de 1830.

La nouvelle phase révolutionnaire ramena la forme républicaine. Mais celle-ci ne put s'acclimater ; l'épreuve était prématurée. La bourgeoisie, alarmée par les prétentions trop hâtives de la plèbe, puisant dans la peur un éclair de courage, entrava le mouvement. Un prince entreprenant, signalé au pays par deux aventures hardies, porteur d'un nom glorieux, s'offrit aux suffrages du peuple qui, s'éprenant de la légende napoléonienne, lui remit le pouvoir, et peu après, avec acclamation, l'éleva sur le pavois. Mais, qu'on ne s'y méprenne point, l'avènement de Napoléon III au trône impérial ne signifie nullement le retour au culte monarchique. Napoléon est le César populaire, aimé des légions, favori de la multitude, à qui il prodigue le bien-être et les spectacles, *panem et circences*.

Il est issu de la révolution et s'en vante ; non seulement il la représente, mais il la développe par une tendance au socialisme d'État ; le peuple en a l'instinct et se sert de lui pour avancer son œuvre, de même que l'héritier de César se sert des masses populaires pour réaliser son rêve. Tout au plus il carne une transaction, est le symbole de ce qu'un ys dévoyé peut supporter d'institutions monariques. Cet essai d'empire démocratique se pourit à travers dix-huit années d'un règne à qui tous s sourires de la fortune sont prodigués : développment inouï de l'activité nationale, merveilles des ıvaux publics, expansion de la richesse, triomphes ilitaires. Une campagne malheureuse anéantit en ıelques jours le colosse aux pieds d'argile ; et ce ince investi de tant de suffrages, qui semblait pulaire et méritait de l'être par les qualités s plus attachantes, disparaît dans une catasophe effroyable. Pendant qu'il rend son épée à un inqueur dénué de générosité, la horde révoluonnaire lui dérobe sa couronne et fonde sur l'invaon la troisième république.

II

La France pouvait en 1871, comme en 1814, ouver son salut dans le retour à la monarchie aditionnelle. Mais les défiances de la bourgeoisie les manœuvres obliques de l'état-major orléaiste, subordonnant l'intérêt supérieur du pays à de ıesquines préoccupations privées, firent échouer s projets de restauration. Vainement l'Assemblée nique et souveraine, qui disposait alors de la rance, chercherait à se disculper de son manque 'initiative en se retranchant derrière l'éternelle uestion du drapeau blanc. Le fait seul de l'avoir soulevée, dévoile que la France est à jamais sortie de la tradition monarchique et s'obstine à ne pas abjurer la révolution. Les symboles ont une valeur pour ceux, qui dans une transaction solennelle ne gardent pas d'arrière-pensée. Le spectacle des intrigues, qui s'entre-croisèrent dans les coulisses de l'histoire, est non moins attristant qu'instructif. Les conservateurs, à part quelques fidèles, s'évertuaient à un compromis entre la couronne et la révolution et consentaient bien à accepter le monarque, à condition que celui-ci subît, comme Louis XVI, les couleurs révolutionnaires. Mais le comte de Chambord, trouvant ce rôle indigne de la race de saint Louis, comprit que la nation ne voulant pas remplir tout son devoir ne lui faciliterait pas l'accomplissement du sien, tel qu'il le concevait avec une grande hauteur de vues, et préféra les tristesses de l'exil à un trône marchandé. Ce sera la gloire du comte de Chambord de s'être refusé à devenir le *roi légitime de la révolution*. La France ainsi laissa passer, sans en profiter, l'heure propice, que lui avait ménagée la Providence, de sortir de l'ornière révolutionnaire. La monarchie française aura du moins le lustre de finir avec dignité dans sa dernière incarnation.

Sans être prophète, on peut dire que la royauté en France est descendue au tombeau avec le dernier Bourbon de la branche aînée. La forme monarchique pourra reparaître, reparaîtra probablement, mais ce ne sera plus désormais qu'une monarchie intermittente, et, qui pis est, une série de dictatures éphémères. Ce qui achève de démontrer le désarroi des idées, c'est qu'après avoir manqué l'occasion de relever le trône légitime une majorité conservatrice et monarchiste ne trouva rien de mieux que de constituer la république, un peu à l'instar de Gribouille, qui pour éviter la pluie se jette dans la rivière. Les corps électifs, comme les individus, sont responsables non seulement du mal qu'ils font, mais du bien mis à leur portée qu'ils négligent de réaliser. L'Assemblée de 1871 est d'autant plus répréhensible, qu'elle pouvait tout dans un pays éprouvant ce commencement de sagesse qu'on nomme la peur ; elle a donné la mesure de ce qu'on peut attendre de l'esprit bourgeois qui l'animait.

La royauté héréditaire ne peut plus refleurir sur le sol mouvant de la France, par la raison que les conditions essentielles de son existence font défaut, depuis que la démocratie s'y est implantée. Le vieil édifice social, si laborieusement construit par l'Église, la féodalité et la royauté, a été ruiné de fond en comble en 1789, après être resté glorieusement debout pendant treize siècles, du baptême de Clovis à l'échafaud de Louis XVI, tandis que la fragile construction ébauchée sur ses décombres par la bourgeoisie menace ruine après cent ans d'essais contradictoires et de tâtonnements stériles. Ce simple rapprochement implique un jugement en dernier ressort; car la durée est la pierre de touche des œuvres humaines. Durer est la grande affaire ici-bas ; ce qui dure est de bonne qualité ; ce qui ne peut durer est de petite valeur. C'est le temps qui consacre toute chose, en mettant ou refusant son sceau aux opérations de ce monde. Ainsi les bonnes familles sont celles qui subsistent longtemps, les meilleures celles qui se maintiennent pendant des siècles ; leur permanence est en raison de leur mérite ; leur ancienneté prouve leur vertu. Un caractère de légitimité s'attache à tout ce qui obtient la durée.

La révolution de 1789 a donc inauguré une ère nouvelle qui, après plusieurs avortements successifs, devait aboutir nécessairement à la démocratie ; car les peuples déchaînés ont, comme les enfants, une logique étroite et inflexible. Dès que le droit historique, base de l'ancienne monarchie, est renié, que la hiérarchie est supprimée, le système démocratique devient inévitable, et à sa suite fatalement l'anarchie ; car la démocratie pure n'est au fond qu'une anarchie constitutionnelle. Les États, en définitive, ne comptent que trois manières d'exister : ou sous le régime monarchique, ou sous le régime aristocratique, ou sous le régime démocratique. La république n'est pas mentionnée dans cette classification, conforme à celle d'Aristote, par la raison qu'elle n'est pas réellement un régime spécial, mais simplement une forme politique. Elle est ou aristocratique ou démocratique, et dès lors rentre, selon le cas, dans l'un ou l'autre de ces systèmes. Qui oserait soutenir qu'elle est nécessairement démocratique ? L'histoire donnerait à cette étrange assertion le plus éclatant démenti. Elle apprend en effet qu'il y a eu beaucoup plus de républiques aristocratiques que de démocratiques, que celles, qui ont duré et fait rande figure dans le monde, étaient sous la garde e l'aristocratie ; que celles, qui s'étaient livrées à la nobilité démocratique, ont eu une existence courte et gitée. Le gouvernement de Rome était aristocratique endant toute la période républicaine et n'a pris une ertaine teinte démocratique que pour passer à l'em-ire. On peut même dire que les peuples de l'his-oire ancienne se sont tous développés sous la loi ristocratique, attendu qu'avant le christianisme ous ont pratiqué l'esclavage; que la majorité était sclave, et que la minorité composant une élite avait eule droit de cité. En réalité tous ces grands ci-oyens de la Grèce et de Rome, que l'enseignement lassique, ce grand réservoir d'erreurs, propose à otre admiration, et que les démagogues vénèrent tort comme des ancêtres, n'étaient que de fiers atriciens, commandant à des légions d'esclaves et 'affranchis, qu'ils ne considéraient nullement omme des égaux. Ils ont plus de traits de ressem-lance avec les hauts barons du moyen âge qu'avec es idéologues jacobins, qu'ils auraient foudroyés e leur dédain.

La république démocratique est une invention moderne, qui, même dans notre continent, ne s'est tablie que sur un petit théâtre, dans des propor-ions modestes, ou dans des conditions de neutralité, ui impliquent un rôle secondaire, comme en Suisse. près Athènes dans l'antiquité, qui pour son mal-eur expérimenta le système démocratique, tem-éré par l'esclavage, on peut citer Florence comme e type le plus brillant de ce régime, et certes ne le recommandant pas, car il est impossible d'imaginer un état plus turbulent, plus précaire, plus convulsionné. Sa renommée dans les arts et les lettres n'a rien à voir avec sa forme politique, d'autant même que presque tous ses artistes et ses littérateurs étaient exilés ou forcés d'émigrer; plusieurs ont exécuté leurs chefs-d'œuvre ou développé leur génie dans les cours étrangères, surtout à Rome, à l'ombre protectrice de la Papauté. La plupart des républiques italiennes, Gênes, Pise, Venise surtout, étaient des oligarchies; c'est grâce à ses institutions aristocratiques et au patriciat inscrit sur son *Livre d'or*, que la cité des doges, cette opulente reine de l'Adriatique, a atteint le plus haut degré de puissance et de longévité, que présentent les annales républicaines.

III

Un grand État centralisé semblait jusqu'ici incompatible avec ce mode d'existence politique. La France ne s'est pas effrayée de la difficulté et a voulu montrer au monde ce phénomène : faire dans le vieux continent ce que de l'autre côté de l'Atlantique un pays vierge, formé par un groupe de fédérations, sans antécédent, sans histoire, surtout sans voisins dangereux le menaçant d'invasion, venait de tenter dans de tout autres conditions. Il n'y a aucune analogie. Et encore, peut-on se prononcer sur l'expérience des États-Unis d'Amérique qui n'a pas plus de cent ans de date? Il y a bien des points noirs à l'horizon, ne serait-ce que le conflit entre les races blanche et noire et les menaces de sécession. En France, la responsabilité de cette évolution incombe à la bourgeoisie qui, en renversant l'ordre ancien, ne s'est pas avisée qu'elle serait un jour acculée aux conséquences fatales de toute démagogie : le socialisme et l'anarchie. Dans son orgueil, elle se flattait de maîtriser à son gré le mouvement. Son infatuation, surtout sous le règne de Louis-Philippe, alors qu'elle se croyait maîtresse absolue de la situation, ne connaissait plus de bornes. Par le suffrage restreint, le *pays légal* formé des gros censitaires, elle s'était ménagé l'hégémonie. L'avènement du suffrage universel direct fut pour elle un coup mortel. Jusqu'à ce moment, elle se targuait d'être hors de la portée de l'attaque. C'était une étrange illusion. Dès que la hiérarchie est abolie, que la tradition est rejetée, que le classement social est bouleversé, que l'égalité enfin est proclamée, chacun à son tour s'en prévaut pour s'établir à sa guise.

En vain les premiers apôtres du dogme nouveau veulent-ils refermer les barrières, en invoquant les privilèges de la richesse, du cens électoral, de l'instruction, des capacités. Les couches inférieures, petite bourgeoisie, artisans, ouvriers, paysans, mercenaires, trouvent, avec de solides arguments, que l'hérédité n'est pas plus juste pour la richesse que pour la noblesse, que les privilèges de la fortune ne sont pas plus rationnels que ceux de la naissance. En effet, si les positions sociales reposent uniquement sur le mérite, elles prennent toutes fin à la mort, et ne sauraient se continuer au delà ; en disparaissant de ce monde, l'individu emporte tout avec lui. Car pourquoi hériter de la fortune plutôt que de la noblesse ? L'une est aussi bien que l'autre un héritage. Chacune représente un patrimoine. Un des philosophes qui honorent le plus la république des lettres proclame hautement cette vérité :

« La noblesse, dit Vauvenargues, est un héritage comme l'or et les diamants. Ceux qui regrettent que la considération des grands emplois et des services passent au sang des hommes illustres, accordent davantage aux hommes riches, puisqu'ils ne contestent pas à leurs neveux la possession de leur fortune, bien ou mal acquise. Mais le peuple en juge autrement ; car, au lieu que la fortune des gens riches se détruit par la dissipation de leurs enfants, la considération de la noblesse se conserve, après que la mollesse en a souillé la source. Sage institution, qui, pendant que le prix de l'intérêt se consume et s'appauvrit, rend la récompense de la vertu éternelle et ineffaçable. Qu'on ne nous dise plus que la mémoire d'un mérite doit céder à des vertus vivantes. Qui mettra le prix au mérite? C'est sans doute à cause de cette difficulté que les grands, qui ont de la hauteur, ne se fondent que sur leur naissance, quelque opinion qu'ils aient de leur génie. Tout cela est très raisonnable, si l'on excepte de la loi commune de certains talents qui sont trop audessus des règles. »

Voilà la sentence d'un sage, qui avait des tendances réformatrices, que Voltaire estimait particulièrement et qu'il appelait « la douce espérance du reste de ses jours ». Certainement elle faisait loi à cette époque. D'où vient qu'après un laps de cent cinquante ans ces maximes sont répudiées sans la moindre hésitation ? Je ne dis pas sans examen, car un examen préalable pourrait y amener. C'est que dans l'intervalle un monde s'est effondré, et que celui qui s'est dressé sur ses ruines professe une doctrine nouvelle. Quelle est-elle en définitive? Uniquement celle que la bourgeoisie a eu soin et intérêt de répandre. Car il s'est produit au XIXe siècle ce phénomène que la bourgeoisie a non seulement accaparé toutes les places, mais encore qu'elle a imposé sa manière de voir, son répertoire de maximes sociales en même temps que de lois. Le mot de Sieyès s'est fait réalité. Le signe le plus éclatant de prééminence n'est-il pas de donner le ton et d'inspirer l'opinion? Or c'est précisément l'apanage exclusif de la classe bourgeoise, qui a façonné la société actuelle à son image. Qu'on en parcoure les différents aspects, et l'on restera convaincu que l'esprit bourgeois a pénétré partout, du haut en bas de l'échelle sociale. Son empreinte est visible aussi bien dans les carrières administratives et libérales que dans les carrières industrielles et commerciales, dans les arts, les lettres, la magistrature, le clergé et même l'armée, qui par essence est plus réfractaire aux mœurs bourgeoises et a l'instinct aristocratique, ce qui est tout naturel. Toute noblesse procède des armes et a son berceau dans les camps. Les autres sortes de noblesse ne sont guère que des assimilations, souvent fâcheuses, qui ont marqué et préparé sa décadence. Le plumitif, comme disait Mirabeau (l'*Ami des hommes*), est au contraire d'essence bourgeoise. Avocats, avoués, notaires, médecins, greffiers, marchands, commerçants, banquiers, etc., forment les cadres de la bourgeoisie, qui a pareillement envahi la magistrature par suite de l'abandon séculaire de la judicature par les nobles de France, ce qui, par parenthèse, fut de leur part une faute capitale; car leur mission primitive était à la fois de combattre et de juger. Toutes les situations ont été prises par elle, même celles de la diplomatie, qui semblaient du domaine de la noblesse, afin que la représentation du pays pût rivaliser d'éclat avec celle des autres nations. Aussi, sous ce rapport, son état d'infériorité s'accuse davantage, à mesure que la poussée démocratique s'accentue, écartant ce qui surnageait de sommités sociales et portant aux plus hauts échelons les parvenus de la fortune, en les affublant d'un titre faux ou tout au moins d'une particule frelatée. Chose singulière et particulière à la France ! Ce sont les gouvernements qui favorisent les usurpations nobiliaires et s'en font les complices. Preuve, entre mille autres, que l'action gouvernementale a passé aux mains bourgeoises. Ces anoblissements fantaisistes, souvent grotesques, démontrent deux choses : d'abord la rage invétérée de ravaler la vraie noblesse, en l'altérant par des mélanges impurs, ensuite le désir de se pavaner sur ses ruines et d'y faire figure. On a bien la passion de l'égalité, mais pas de cette égalité réelle, mâle, sérieuse, que pratiquent les Américains. Ces grands démocrates d'outremer ont un amour vrai, solide, viril de l'égalité ; ils l'épousent, tandis que les démocrates d'Europe n'en font que la compagne des mauvais jours. Vienne la prospérité ! Ils la répudient. Ils flirtent avec elle en lui prodiguant mille serments, mais entendent ne se lier que par des vœux révocables ; et, dès que l'occasion se présente, ils se permettent des infidélités, au besoin divorcent. Les Américains, qui ont l'amour de l'égalité comme de la liberté, rougiraient d'altérer leurs noms, de prendre des masques de gentilshommes ou des titres soit usurpés, soit fabriqués complaisamment.

La démocratie française ne connaît pas ces scrupules, par ce que ses aspirations égalitaires n'ont point leurs racines dans le principe de l'indépendance, mais dérivent de la vanité, son incurable maladie. L'égalité ne lui apparaît qu'à l'état négatif ; ce n'est qu'une passion jalouse, tendant à niveler le sol, à déprimer les sommets, à décapiter les grandes races, à effacer les traditions, qui offusquent l'amour-propre, puis à se glisser dans les décombres pour s'y agrandir, s'arranger par des artifices de langage des positions agréables, créer à son profit une nouvelle suprématie, fondée sur une autre base, la richesse par exemple, et finalement remplacer ceux qui ont été abattus, tout en s'évertuant à repousser les revendications pareilles des autres couches également alléchées. La fameuse devise de la démocratie moderne, qui s'étale sur tous les murs, se réduit à un triple mensonge. En effet la liberté politique, qui est le moindre souci des Français, n'a jamais été qu'une machine de guerre et n'a jamais porté ses fruits jusqu'à réelle maturité sur ce sol travaillé par l'instinct autoritaire. Quant à l'égalité, s'il est vrai qu'elle constitue la grande convoitise du Français, qu'elle soit le stimulant de son activité révolutionnaire, elle n'est jamais non plus pratiquée sérieusement, avec bonne foi, avec constance. Dès que l'envie est arrivée à ses fins, la vanité survient avec ses amorces irrésistibles ; chacun alors s'efforce de se ménager une distinction, une sorte de privilège, de s'attribuer un rang, puis à repousser ceux qui suivent ; car on tient autant à garder des inférieurs qu'à éliminer des supérieurs.

Si donc l'égalité est bien réellement le grand mobile de la révolution, et constitue l'affolement du Français, elle ne lui suffit pas comme à l'Américain. A quoi tient cette anomalie? A ce fait digne de remarque : c'est que le Français obéit à deux courants contraires; d'une part il a des idées démocratiques, de l'autre il conserve un fond de mœurs aristocratiques. De là vient le génie contradictoire de ce peuple si magnifiquement doué et ayant si peu l'économie de ses rares facultés, au point que parfois celles-ci lui tournent à son détriment. Encore plus décevante est la fraternité. Les troubles, qui si souvent ont ensanglanté nos rues, les fusillades et échafauds qui en forment les sinistres épisodes, la violence des luttes intestines, l'insolence avec laquelle les majorités en usent envers les minorités, les sauvages explosions de dynamite prouvent que la fraternité n'est qu'un mot d'apparat, bon à servir de signe de ralliement pour le combat, d'invocation pour la mise en scène ou de transparent pour les fêtes publiques. Tout ce vain formulaire n'est que piperie. La société contemporaine est condamnée au déchaînement des convoitises, des appétits et des rancunes.

Mais, dira-t-on, c'est l'histoire de l'humanité! Oui, sans doute : il n'est que trop vrai qu'elle subit la pente aux inspirations envieuses; le mal est sur la terre depuis la chute originelle, il est dans l'homme même, comme l'enseigne l'Église. Aussi les bonnes institutions sont celles qui endiguent les penchants vicieux, et les mauvaises, celles qui les surexcitent. Les hommes en général savent fort bien ce qui leur plaît, mais fort peu ce qui leur convient. C'est pourquoi les masses sont incompétentes pour gouverner, mais doivent être gouvernées, parce qu'elles ignorent ce qui leur est salutaire, et ne l'entrevoient que dans ce qu'elles désirent. Il n'y a d'ordre stable que dans une nation hiérarchisée, où tout se trouve et reste à sa place, ce qui est le signe de l'harmonie sociale. Être à sa place est la suprême condition du bon ordre pour l'ensemble, comme du bon ton pour les individus. Au contraire, le propre de la démocratie semble consister à ne pas se tenir à sa place et à s'ingénier à usurper la place des autres, ce qui amène une perturbation endémique, une sorte de piétinement chronique et universel. Telle est la résultante de l'agitation révolutionnaire qui précipite, par une sorte de flux et de reflux perpétuels, toutes les fractions dont l'assemblage forme le corps social ; et, chose bizarre mais après tout logique, à chaque phase de cette crise le niveau moral descend, attendu que dans le remous l'écume prend le dessus.

IV

L'observateur impartial peut constater qu'à chaque étape de la révolution l'étiage politique marque des degrés plus bas dans le personnel en exercice. C'est l'effet du mouvement des foules. Les derniers rangs expulsent les premiers et s'installent au pouvoir, sans y être préparés par aucun stage, ni l'instruction solide, ni l'éducation encore plus nécessaire, ni les mœurs, le sang-froid et la dignité. Le spectacle offert par les cadres actuels est vraiment navrant. Aussi le prestige des représentants de l'autorité s'est-il complètement éclipsé, et les populations désapprennent la salutaire notion du respect. Les fonctionnaires de l'ordre administratif ne semblent plus être que les commis voyageurs sans cesse renouvelés d'une commandite gouvernementale. Le succès n'est qu'aux médiocrités, particulièrement à cette catégorie de médiocrités, qui s'allie très bien à une finesse vulgaire et à un certain esprit de conduite, s'emboîtant parfaitement dans d'étroites cervelles.

Tant qu'a duré le règne des premières couches de la bourgeoisie, la tendance était latente et le ma pallié par les talents réels et l'éducation convenable des chefs de file. Mais, à mesure que les couches inférieures arrivent au premier plan, l'abaissement s'accentue et suit une marche progressive. Le suffrage universel, par sa pente naturelle, s'éloigne des supériorités qui lui portent ombrage, et va d'instinct aux médiocrités qu'il se plaît à mettre en relief, s'en faisant à la fois le patron et le courtisan. Quel terrible fléau que ce jacobinisme français qui, procédant de la haine et de l'envie, s'acharne après tout ce qui a racines dans le sol et le passé, ne respecte rien d'ancien, et ne permet à rien de grand de rester debout! Cette monomanie, qui semble une infirmité nationale, sévit depuis quelque temps avec la dernière évidence et tend à se généraliser. Qu'on fasse dans chaque département l'appel des vraies notabilités, du talent et de la science comme de l'honorabilité et de la naissance, on s'apercevra que presque toutes sont systématiquement mises à l'écart; heureuses encore quand elles ne sont pas en butte aux vexations des pygmées, qui se haussent de toutes parts sur les décombres amoncelés! Jadis, au contraire, les supériorités étaient regardées par les populations comme représentant un patrimoine d'honneur pour chaque localité, qui s'en réclamait, s'en enorgueillissait et se parait de son lustre. La passion démagogique a écarté tous ces rapports de patronage affable et de clientèle déférente, qu concouraient au bonheur et à la facilité d'existence dans les campagnes. Tout ce qui se recommande par un prestige constaté et les services anciens encourt la suspicion et éprouve la disgrâce. Les positions publiques deviennent la proie d'intrigants subalternes dénués de ce qui commande le respect et s'ingéniant à se faire craindre par des tracasseries ou des délations. Les meilleurs sont les nullités insignifiantes. Rien n'est plus propre à dérouter les consciences, qui peu à peu perdent la notion du bien et du mal. Ce serait méprise de s'imaginer que l'opinion a la force de redresser ces errements, de protester contre de mauvais choix, de réagir contre la tendance à livrer le pays à ceux qui sortent de ses bas-fonds et n'ont parfois que des tares pour états de services.

L'opinion n'est que l'écho social, répercutant en définitive la manière de penser des classes dirigeantes. Lorsqu'une élite prédomine dans une contrée, elle forme une opinion publique d'une véritable puissance, qui devient effectivement alors la reine du monde ; c'est ce qui avait lieu jadis. Mais, lorsque cette élite manque, le courant s'affaiblit et finit par se perdre dans les sables mouvants des multitudes ; c'est ce qui arrive. Aussi, par une contradiction bizarre, pleine d'enseignement et d'ironie, c'est justement au moment de l'avènement de tous, amené par l'apogée du progrès radical, que l'opinion publique abdique. Cette abdication, chaque jour plus manifeste, livre sans contrepoids aux entreprises des agitateurs le pays, qui s'y prête aveuglément, même avec complaisance. Depuis son divorce avec la tradition, il révèle un certain goût pour les basses provenances. Il ne lui déplaît pas d'être mené par ce qu'il n'est pas obligé de respecter; bien plus, il ressent une sorte de satisfaction malsaine à se courber sous un joug qui provoque son dédain ou sa risée. Il semble qu'on s'habitue à aimer ce qu'on méprise, trouvant une revanche de mauvais aloi pour la soumission dans la déconsidération des chefs qu'on s'impose. A y regarder de près, n'est-ce pas la raison d'être de bien des popularités inexplicables? Si, comme dit Renan, « toute civilisation est l'œuvre des aristocrates », la décadence vient à la suite de toute démocratie radicale.

Celle de la France, commencée sous le règne de la bourgeoisie, se consomme sous l'empire de la démocratie, qui en est la conséquence fatale. Car il n'y a plus alors de sélection possible; et le véritable progrès est impossible en dehors du principe tutélaire d'une sélection sociale, de la primauté des races, qui ont su durer, et de l'influence des supériorités locales. Il y a dans les aristocraties un certain fonds de dignité, d'indépendance et d'honneur, qui les rend plus aptes à exercer la direction sociale. Ce serait une grande illusion de regarder cet état comme transitoire. La France est définitivement vouée à la démocratie; elle l'est si bien qu'elle ne peut plus être autrement. Les leçons de l'histoire démontrent que, lorsqu'une nation, par jalousie d'abord, par haine ensuite, se détourne de l'aristocratie qui a constitué sa force initiale et sa gloire, elle s'affaiblit insensiblement et dégénère, puis, qu'abandonnée à elle-même, à ses caprices, sans tutelle permanente, elle tombe dans la licence et se précipite dans les voies de la décadence, heureuse encore si elle ne retourne point à la barbarie par la guerre sociale, ou même ne repasse pas sous la conquête.

C'est une des plus tristes infirmités de la pauvre nature humaine de prendre en aversion les vertus qu'on a perdues, les sentiments qu'on n'a pu garder. Ainsi le peuple français était réputé jadis entre tous pour son loyalisme dynastique, de même que pour son attachement à ses seigneurs terriens. La population de Paris surtout se signalait par son affection à l'égard de ses rois. Tous les étrangers voyageant en France constatent, dans leurs mémoires ou relations de voyage, son amour exalté pour la dynastie qu'elle regardait comme consubstantielle à la patrie, faisant corps avec elle. Il se manifeste encore avec des transports non équivoques au XVIIIe siècle. Qu'on se reporte à l'allégresse qui éclate à l'occasion de la guérison de Louis XV en 1744, même aux entrées de Louis XVI dans sa capitale, à l'enthousiasme populaire lors de la naissance d'un prince, d'un dauphin. L'avocat Barbier, tout sceptique qu'il est, note dans son *Journal* bien impartial le délire des foules parisiennes : on s'embrassait dans les rues, on nageait dans la joie. Dans le cœur des peuples comme dans celui des individus, l'infidélité à un sentiment conduit à une disposition contraire. La haine succède à l'amour proportionnellement aux torts que l'on a, dès que la faculté d'aimer est tarie ; plus on est coupable, moins l'on pardonne. N'est-ce pas ce qui s'est produit chez le peuple français, et ce qui explique son obstination à ne pas s'amender, sa répulsion pour la tradition, sa répudiation intransigeante d'un passé qu'il ne comprend même plus, et dont il ne veut à aucun prix? Dans de telles conditions, le retour à la hiérarchie et à la royauté devient impossible. Les obstacles les plus insurmontables viennent moins du cours des choses que des passions régnantes.. Sans espérer qu'elle revive, honorons la vieille France ; sur elle pèse la pierre du tombeau.

Le régime démocratique correspond nécessairement au faux dogme de l'égalité, préconisé en 1789, et en favorise les ravages, qui éclatent de toutes parts. Le signe caractéristique du temps présent est la confusion, confusion universelle, dans le fond et dans la forme, les classes diverses, les masses, les individus, les institutions les modes, les vêtements, toutes les habitudes, jusqu'aux œuvres de l'esprit et aux manifestations de la pensée. Les indices révélateurs surabondent sur ce point. Sans parler du code civil, cet instrument capital de l'égalité, partant de la confusion et du nivellement modernes, toutes nos lois, tous nos règlements tendent à niveler et à confondre. Les mêmes règles s'appliquent à des communes de deux ou trois cents âmes, sans ressources, ayant un budget insignifiant, et à d'autres agglomérations communales de plusieurs centaines de mille habitants, d'une prodigieuse activité, dont le budget se chiffre par de nombreux millions. N'est-ce pas déraisonnable de régir identiquement un faible groupe rural et un centre urbain d'énorme densité? Le régime ancien, reposant sur les coutumes, était mieux approprié aux convenances respectives et tenait compte des disparités inévitables, tandis que l'œuvre législative actuelle dans son ensemble aspire à tout enfermer dans un moule identique. C'est le lit de Procuste, où sont forcés de s'allonger les membres trop courts et de se restreindre les membres trop longs. Que gagne l'humanité à cette réglementation monotone ? Rien, d'autant plus que rien n'est égal dans la nature, dont la loi souveraine est la subordination et la dépendance, comme dit fort bien Vauvenargues. Pour être bien réglé, le monde doit tendre à l'unité, c'est-à-dire à l'harmonie de l'ensemble, coïncidant avec la diversité des parties, et non à l'uniformité absolue, qui est inconciliable avec les conditions essentielles du beau comme du bon et du vrai. Cette uniformité excessive est la conséquence de la *folie égalitaire*, qui a saisi la France en 1789 et a pénétré insensiblement dans toutes nos institutions.

V

Cela est si vrai que, lorsqu'il s'est agi de créer la seule distinction sociale encore subsistante, celle de la *Légion d'honneur*, une préoccupation singulière d'égalitarisme porta le puissant créateur de cet insigne à englober dans la même récompense tous les genres de mérites ; et cet étrange amalgame n'a guère rencontré que des approbateurs. Cependant rien n'est plus faux et plus injuste que cette assimilation contre nature. Plaisante intrusion de l'esprit d'égalité dans un symbole de distinction, c'est-à-dire d'inégalité ! La valeur militaire comporte une décoration spéciale, destinée à récompenser les hauts faits d'armes, à payer les souffrances endurées et le sang versé pour la patrie; c'est l'étoile des braves, qui aurait bien plus de relief si elle n'était affectée à d'autres services, qui peuvent avoir leur mérite, mais entièrement différent. Accordez-leur une autre distinction, absolument spéciale, puisque la démocratie française ne peut s'en passer, en cela bien inférieure à la démocratie américaine, qui, plus conséquente, s'en prive et les répudie systématiquement.

Puisque c'est un besoin, une sorte d'infirmité constitutionnelle, que chaque genre de mérite ait sa décoration spécifique. Quelle objection opposer à cet arrangement? Sérieusement aucune ; car c'est à l'opinion en définitive d'attacher le juste prix à la récompense, selon son caprice; elle se prononcerait à sa fantaisie, en parfaite connaissance de cause, donnant le pas au civil sur le militaire, si c'était son penchant. Mais cela ne ferait pas l'affaire des vanités, qui se complaisent dans le vague de l'équivoque. Rien ne sourit tant au bourgeois pacifique, que de

2.

voir sa boutonnière ornée à l'instar de l'officier, qui a passé sa vie dans les camps. Par contre, le guerrier peut regretter qu'une décoration distincte ne soit pas réservée aux rudes et glorieux travaux de la guerre. Quel rapport existe-t-il en effet entre la gloire des armes, la première de toutes, sans laquelle il n'y a pas de grandeur complète, achevée, selon Vauvenargues, et la réussite du marchand, du banquier, de l'avocat, du médecin, etc., qui parviennent à se faire décorer, sans encourir le moindre danger, et tout en édifiant leur fortune? Cette manie d'égaliser tous les talents conduit à décerner la croix à des comédiens ; ce qui eût semblé jadis une indécence et une profanation devient tout naturel par une extension du sophisme égalitaire. L'empereur Napoléon Ier avait reculé devant la tentation de décorer Talma, qu'il admirait tant à juste titre. Aujourd'hui sont admis dans la Légion d'honneur des acteurs, qui ne sont que la monnaie de billon du grand tragédien. Le duc de Rovigo, son ministre de la police, ne put jamais obtenir pour un important fonctionnaire de la sûreté, M. Vieyra, qui avait rendu à la police politique de signalés services, le ruban de la Légion d'honneur. Après plusieurs présentations inutiles, il reçut de l'empereur l'ordre de ne plus le forcer à rayer ce nom sur la liste : « Je reconnais son habileté, ajouta-t-il, donnez-lui de l'argent, tant que vous voudrez ; mais la croix n'est pas destinée à payer de pareils services. » Aujourd'hui il serait promu commandeur.

La tendance à prodiguer la croix aux commerçants et industriels a cela de particulièrement fâcheux, qu'elle est devenue pour plusieurs un objet de spéculation, et que certains n'hésitent pas à s'en faire une réclame. Tel trafiquant, qui a été décoré à la suite de nos si fréquentes expositions, trouve agréable pour son amour-propre et profitable pour ses affaires de manifester sa chevalerie dans des circulaires, placards et boniments de toutes sortes, qu'il fait circuler, afficher, étaler. On a vu la croix d'honneur orner maints prospectus et enguirlander l'enseigne des boutiques, à tel point que l'autorité a été obligée d'intervenir pour couper court à ce scandale, qui ne devrait pas même être possible, et ne le serait pas, si l'insigne de l'honneur restait réservé à ceux dont il est le mobile, tandis que l'objectif du commerce c'est le gain. Des manieurs d'argent, des agents d'affaires le sollicitent pour accroître leur clientèle; des spéculateurs pour servir à leurs entreprises, d'autres pour faciliter des mariages. La Légion d'honneur devrait être l'apanage exclusif des militaires; et, si l'on tient absolument à l'étendre aux civils, il importerait de limiter cette extension à la récompense des serviteurs de l'État, et non de la répandre dans la classe qui travaille en vue de s'enrichir. Combien de légionnaires n'ont d'autres titres que d'avoir gagné de l'argent et, ce qui est pire, d'en avoir fait gagner! Rien de plus déplorable que de fausser un ressort d'un tel prestige, en le réduisant en hochet de vanité, à la portée de toutes les convoitises, et à la merci de tous les tripotages. Telle est la loi du progrès!

Mis sur cette pente, nous ne nous étonnons plus, et acceptons, sans sourciller, ce qui eût fait bondir les générations précédentes. N'est-ce pas l'effet direct de la confusion si chère aux démocrates? Dès que le principe est admis, les conséquences s'ensuivent véritablement. Les mœurs, pendant quelque temps, présentent un obstacle, mais le mouvement imprimé renverse cette barrière mobile. On ne sait plus en vérité où il s'arrêtera. Pourquoi le funambule, l'acrobate, l'athlète, le clown ou le baladin, qui excellent dans leur genre, ne seraient-ils pas décorés aussi bien que l'acteur pareillement exposé aux sifflets des spectateurs? Consultez néanmoins le public ; la presque universalité vous répondra que c'est une grande idée, éminemment civilisatrice, d'avoir associé tous les mérites dans une distinction identique. Cependant quel rapport y a-t-il entre le prélat et l'historien, le négociant et le soldat, le manieur d'argent et l'artiste, le magistrat et le navigateur, le professeur et l'entrepreneur, l'académicien et le pompier? Entre eux ne se remarquent que des contrastes. Pourquoi donc les assimiler par un même emblème honorifique? Uniquement parce que la manie d'égalité tient à encadrer ensemble toutes les professions et tous les talents. La raison alléguée est qu'il n'y a pas de sot métier, aphorisme de source démocratique, reposant encore sur une équivoque. Cette équivoque provient de l'obstination mise à confondre les mots estime et considération, qui ont entre eux une analogie approximative, sans être synonymes.

Certes on peut se concilier l'estime dans toutes les conditions, mêmes les plus humbles ; mais de là à dire que toutes ont également droit à la considération, il y a un abîme. L'estime est le rapport entre la conduite et le devoir corrélatif ; c'est un fait contingent, susceptible de s'appliquer à tous les états, si modestes qu'ils soient. Mais tout autre est la considération : elle consiste dans l'hommage, même involontaire, rendu par l'opinion en raison de la nature essentielle, permanente, des personnes et des choses. De là résulte qu'un individu, exerçant un métier humble ou même réputé vil, peut parfaitement s'attirer l'estime, pourvu qu'il en remplisse bien toutes les obligations ; tandis que la considération lui reste inaccessible et demeure l'attribut des situations qui, d'elles-mêmes, commandent le respect. Mais la folie égalitaire, pénétrant dans le domaine moral comme dans l'état civil, a tout brouillé : la confusion s'est infiltrée dans les idées et leurs signes représentatifs. C'est ainsi qu'après avoir contracté la démocratie politique on voit poindre la démocratie intellectuelle ; car ce régime n'est pas limité aux institutions. Des lois il est passé aux mœurs, de là s'est répandu sur les lettres et les arts. Notre littérature est pareillement entrée dans la phase démocratique.

Quelques considérations très sommaires rendront tangible cette appréciation. Toute démocratisation, en effets consiste essentiellement en ces deux points-ci : expansion de la chose et abaissement de son prix, comme par exemple ce qui s'est produit dans l'administration des postes à propos des correspondances, qui ont à la fois augmenté de nombre et baissé de prix de revient ; pareil fait s'est produit de nos jours sous tant de formes multiples, qu'il serait oiseux de s'appesantir sur l'énumération. La chose est patente. Un phénomène identique est à relever pour les œuvres de l'esprit, dont la quantité s'est accrue dans une proportion inverse à la qualité.

La langue elle-même a été atteinte par cette évolution, qui insensiblement a diminué la valeur des mots, en étendant démesurément leur application. Comparez l'usage que les auteurs du XVIIe siècle, époque de grandeur classique, et aussi du XVIIIe siècle, époque de clarté spirituelle, font d'une expression avec celui auquel l'appliquent les écrivains contemporains. Chez les premiers le mot est propre, sobre, précis, adapté avec justesse ; l'épithète reste appropriée au sujet, maintenue dans le ton, n'allant ni trop haut ni trop bas. L'écrivain moderne, au contraire, use d'un cliquetis de mots, qui parfois détonnent et souvent outrepassent la mesure. J'admets que l'école romantique a sa part dans cette déviation de la langue. Les disciples ont outré les procédés des maîtres, et, sans posséder leur génie, ont cru marcher sur leurs traces en imitant leurs excès. Chateaubriand, le sublime initiateur du romantisme, entrevoyait cet écueil, lorsqu'il répudiait d'avance « ces prétendus élèves, qui négligeront les grandes qualités du style et n'imiteront que ses défauts ». Signalant « l'extravagance d'invention et le rocailleux d'exécution de ses disciples », il a l'intuition de cette décadence qui menace la langue. « Car, ajoute-t-il, les langues parvenues à leur apogée restent un moment stationnaires, puis elles descendent sans pouvoir remonter. »

Mais il y a autre chose : La confusion démocratique s'est insinuée dans le langage. Les mots ont dévié de leur acception primitive, pour se prêter complaisamment à un usage moins rigoureux. Ceux qui étaient réservés pour l'énonciation des idées élevées, se sont ajustés à des idées inférieures; ceux, qui marquaient la grandeur l'admiration, l'enthousiasme, enfin une série de sentiments exceptionnels, ont servi à désigner des sentiments plus vulgaires, à devenir une sorte de monnaie courante mise en circulation par la banalité. La prépondérance de la bourgeoisie se marque aussi bien dans l'expression que dans la conception des choses. Le sens des mots, la signification des idées portent son cachet. C'est au point de vue bourgeois que toute chose s'apprécie, même ce qui a trait au monde idéal et transcendant.

Pour ne citer qu'un exemple entre cent, le mot *honneur* éveillait jadis des idées en rapport avec les souvenirs et les qualités chevaleresques, le courage, le loyalisme, la fidélité à la parole donnée, au serment prêté, aux engagements non écrits, qui n'ont pas à se préoccuper de la loi : Voilà l'honneur, « cette pudeur virile », au dire de Vigny, tel que l'entendaient les gentilshommes. Aujourd'hui il se prend plus couramment dans le sens de probité, de solvabilité même, de fidélité exclusivement appliquée aux engagements d'argent, surtout aux engagements écrits, sanctionnés par la loi : Les bourgeois ont mis en usage la locution « faire honneur à ses affaires » pour dire payer aux échéances souscrites, tandis que les gentilshommes avaient créé cette autre : « Avoir une affaire d'honneur » pour dire « jouer de l'épée, exposer sa vie ». Les nuances sont grandes entre les deux acceptions et révèlent deux mondes différents. Le mot honneur a eu le sort des nobles de ce siècle : il a pris la teinte bourgeoise et est descendu de sa signification plus haute, plus idéale, pour s'accommoder à un milieu qui n'évalue les choses qu'au point de vue positif, en raison de leur utilité et de leur rendement. Certainement, faire face à ses obligations pécuniaires, solder exactement ses dettes, servir ses échéances sont d'excellentes habitudes et constituent des devoirs, mais ne les satisfont pas tous; et c'est pour ces devoirs exceptionnels, de nature anormale et intime, que semblait consacré l'honneur, attendu que la probité et la solvabilité suffisaient pour les autres. En définitive, comme l'ensemble des propriétés nobles, certaines locutions d'ordre relevé ont dû subir l'expropriation et la nationalisation, pour se mettre au niveau d'un monde nouveau, plus positif, inférieur, où l'on ne prise guère que ce qui fait recette.

Les journaux ont, à la vérité, une part considérable dans cette altération du langage. Le journalisme, en quête de succès quotidiens, cherchant à capter l'attention, à piquer la curiosité, soucieux de plaire, attentif à flatter des amours-propres en éveil, spéculant sur tout, tombe facilement dans le boniment et la réclame; les rédacteurs abusent de l'hyperbole, sont coutumiers de l'antithèse et outrent l'expression. Sous leur plume rapide le substantif grossit, le verbe s'étend et l'adjectif s'enfle démesurément. Employée avec sobriété par les auteurs des grands siècles littéraires, l'épithète est prodiguée avec exubérance par l'école moderne et perd ainsi de sa valeur. Les locutions comme toute chose se déprécient par l'excès. La lecture des feuilles les plus en vogue, je dirai même les mieux rédigées, étonne l'homme de goût par le désaccord fréquent entre l'idée et l'expression, encore plus entre le sujet traité et la manière exagérée, sous laquelle il est présenté. Les qualificatifs sont presque perpétuellement hors de proportion. On ne parle du plus mince orateur qu'en le qualifiant d'éloquent. Tout homme politique quelconque est réputé éminent; les plus médiocres ministres sont proclamés hommes d'État; tout écrivain passe pour distingué; ce qui par parenthèse ne signifie pas grand'chose. Cet abus agaçant de flagorneries déplacées, qui déconcerte le goût et choque le jugement, est la suite naturelle de l'habitude prise par les journaux d'entretenir le public des faits et gestes d'un tas de médiocrités, qui ne méritent ni cet excès d'honneur ni cette indignité, probablement en vue d'irriter et d'assouvir ce besoin de curiosité, qui est un signe du temps. C'est un travers de la presse, correspondant du reste au travers de ses lecteurs, de s'occuper

3

outre mesure de tous ces petits personnages éphémères, qui traversent la scène mobile de la politique, de tenir au courant de leurs mœurs qui importent peu, de leurs œuvres qu'on pourrait continuer à ignorer, de leurs maladies dont on n'a cure, et de leur mort qui n'est qu'un fait divers. Si l'un d'eux se marie, c'est un événement ; les détails débordent, et les locutions les plus ronflantes vont leur train.

S'il s'agit d'un fabricant de chocolat ou de sucre, c'est l'éminent industriel ; d'un folliculaire quelconque l'éminent publiciste, d'un parvenu dans la diplomatie l'éminent diplomate, du moins connu des généraux l'éminent capitaine, du plus insignifiant ministre l'éminent homme d'État, ainsi de suite. Tout est proclamé *éminent*, même les marchands et les acteurs, à qui certes on se fût jadis gardé de décerner cet adjectif, qui était et aurait dû rester réservé aux rares personnalités transcendantes. En s'étendant démesurément, les termes se sont amincis par une sorte d'effet de la ductilité. Ainsi le double caractère de la démocratisation, c'est-à-dire diffusion en même temps que réduction de prix, se combine pour altérer la langue, déjà fort endommagée par ce qu'on continue à appeler, sans trop savoir pourquoi, l'éloquence de la tribune.

On est parvenu à faire de la littérature facile, courante, à bon marché, absolument comme des vêtements dans les magasins de confection. L'époque contemporaine est par excellence celle de la banalité. On obtient de bonnes moyennes, aux dépens des sommets; cependant ce sont les sommets qui marquent l'altitude des nations. Mais la caractéristique de l'esprit moderne, c'est l'aversion des sommités, conséquemment le goût de la vulgarité. Dix-sept cent quatre-vingt neuf a été la déclaration de guerre aux sommités; et la longue campagne, poursuivie depuis avec la rage implacable de l'envie, a accumulé une série de triomphes dans la voie du nivellement. Malheur au pays qui perd ses cimes, qui se décapite! Il est fatalement voué à la décadence.

VI

L'abaissement se marque sans arrêt dans les mœurs, les institutions, les goûts, la littérature, le théâtre, en un mot dans toutes les manifestations de l'activité sociale. Il se retrouve partout sous cet aspect étroit, vulgaire, mesquin, positif, mélangé d'arrogance, d'aplomb et de pédanterie, qui se définit par le nom de *bourgeoisisme*, vocable nouveau s'appliquant à une chose inconnue avant ce siècle. L'ère du bourgeoisisme littéraire, maintenant en pleine floraison, se distingue par la quantité au détriment de la qualité. Jamais on n'a tant écrit que de nos jours; et qu'en restera-t-il? Bien peu d'épaves surnageront assurément. « L'écrivaillerie est quelque symptôme d'un siècle débordé », comme dit Montaigne. Telle est certainement la marque du nôtre, qui ne produit rien de grand, d'achevé, d'original et de durable, et ne se signale que dans les sciences exactes et les arts plastiques, surtout dans leur application aux besoins de l'industrie. Au point de vue littéraire, il n'y a d'activité réelle, de talent supérieur que dans les études historiques et critiques, deux branches pouvant parfaitement fleurir aux temps de décadence. Les sociétés épuisées ne créent plus; elles analysent, compulsent et commentent. Le sens critique est le fruit de leur vieillesse impuissante et morose. Tel est le lot de la France moderne. Ce qui lui manque absolument, c'est, d'une part, un principe général d'activité morale, une source d'enthousiasme; sans ce foyer vivifiant, rien de grand, de digne d'admiration et de durée n'est possible. D'autre part, si l'instruction est répandue, superficiellement du moins, avec un caractère de diffusion plutôt que de supériorité, l'éducation fait défaut. Or « les mœurs, disait Royer-Collard, naissent de l'éducation; l'éducation les crée et les perpétue, parce que seule elle enseigne véritablement le devoir, en le réduisant en pratique. Sans l'éducation, l'instruction n'est qu'un instrument de ruine ». Paroles prophétiques, que l'école sans Dieu se chargera de vérifier! Rien ne supplée à l'éducation.

L'éducation est nécessaire à une vraie culture intellectuelle, car les bonnes manières impriment de bonnes habitudes d'esprit, produisent cette sensibilité, cette délicatesse, ce tact délié, ce sens exquis, dont l'absence est si souvent regrettable dans les œuvres de cette fin de siècle. Il y a là une ıcune, qui chaque jour s'accuse davantage et engenre une déplorable vulgarité. Autrefois les gens de ettres, dont la situation était moins favorisée sous e rapport de l'émolument et du crédit, s'élevaient une meilleure école. Mis en contact journalier vec les hautes classes, ils s'imprégnaient de leurs açons, de leur manière de penser et de vivre, et les eflétaient dans leurs écrits. La littérature, finalement, est le miroir d'une société, et selon que celle-ci ui présente des objets relevés ou bas, elle s'élève u s'abaisse. Nul doute que les immortels auteurs lu XVIIe siècle n'aient ressenti une très heureuse nfluence de la société polie de cette incomparable poque; qu'au siècle suivant la ville et la cour, égaement raffinées, n'aient exercé sur eux une action fficace. La génération qui ouvre le XIXe siècle orte aussi l'empreinte de l'ancien régime, même lans les coteries qui lui sont le plus directement ıostiles. C'est sous lui qu'elle s'était formée, qu'elle vait fait son éducation et son instruction. Alors nême que les chefs de l'école révolutionnaire apaient le régime ancien, ils en conservaient le achet. L'école libérale de la restauration, les docrinaires de 1830 en perpétuaient la tradition. C'est eulement après ces deux générations évanouies ue la trace originelle cesse d'être perceptible. Les oryphées de la bourgeoisie triomphante étaient ouvent des hommes bien élevés, de bonnes maıières, parce qu'ils avaient eu pour modèles les seimeurs de la vieille société, dont ils copiaient le on en même temps qu'ils usurpaient leurs places.

Le personnel, qui détient maintenant le haut du pavé, n'a eu pour se façonner que l'école déjà subalterne des bourgeois nouveaux ; et ce n'est que trop visible. Chaque génération baisse d'un cran, parce que l'élève se tient d'ordinaire au-dessous du maître. Cela promet pour l'avenir, bien qu'il semble qu'il n'y ait plus grand'chose à perdre !

Pendant quelque temps les habitudes, qui survivent toujours aux mœurs, donnent le change et dissimulent la chute. Mais bientôt elles-mêmes s'effacent, et le mouvement de descente se précipite. Les niveleurs n'ont que trop réussi. Rien de grand ne se dresse plus sur ce sol bouleversé. Toutes les illustrations de l'ère contemporaine avaient reçu le jour avant 1789 ou dans les années avoisinantes, à la fin du XVIIIe siècle, ou à l'aube de celui-ci ; et toutes ont disparu, sans laisser de successeurs. Pour combler ses vides, l'Académie française éprouve un certain embarras, qui tient, non pas à la pénurie de candidats, mais plutôt à l'indigence des titres. La sève humaine paraît épuisée, la source du génie tarie, pour longtemps, hélas ! pour toujours peut-être. Car c'est un phénomène bien curieux et bien triste à la fois, que depuis trois quarts de siècle la France, anémiée par une série d'avortements politiques, a perdu sa fécondité en hommes remarquables. La *plante homme*, pour se servir de l'expression d'Alfiéri, n'y grandit plus. C'était pourtant son plus beau fleuron, valant mieux que le groupe de merveilles, qu'elle étale dans ses expositions tapageuses. Si bonne républicaine qu'elle soit, elle n'a plus, comme la mère des Gracques, la fortune de retrouver dans ses enfants sa plus magnifique parure. Elle ne peut plus citer avec orgueil ni les orateurs de sa tribune, dont les harangues contribuent à déformer la langue, ni son barreau qui ne possède plus de princes de la parole, ni de poètes inspirés, ni d'écrivains promis à l'immortalité, ni d'artistes de grande envergure. Tout s'est rapetissé, émietté, aminci sous le triangle égalitaire. C'est bien le cas cette fois de s'écrier, en s'appropriant le mot de Guy Patin, qu'on est arrivé à la lie des siècles! Tel est en raccourci le spectacle offert par la France contemporaine, fille de la révolution.

Cette décadence indéniable a sa source dans le cataclysme de 1789; elle est l'œuvre de la bourgeoisie devenue omnipotente. Si l'ancienne France a été faite par la triple influence du clergé, de la noblesse et de la royauté, la nouvelle est le produit exclusif du *tiers état*, se proclamant *tout* dans la nation renouvelée. Aucune usurpation ne fut jamais plus complète et plus monstrueuse. La bourgeoisie, en effet, a sa place dans l'État; elle la tenait utilement autrefois ; elle s'honorait par des services réels, des qualités incontestables et une louable régularité de mœurs privées. L'ancienne bourgeoisie est respectable et mérite sa part d'éloges dans l'histoire du pays. Mais, dès qu'elle ne s'est plus contentée de sa place, qu'elle a voulu tout renverser pour tout supplanter, elle a failli à sa destinée, et son action est devenue funeste. Sans le vouloir, ou du moins sans le prévoir, elle a rompu toutes les digues, aussi bien celles qui la protégeaient que celles qui la gênaient. Le torrent, qu'elle se flatte peut-être encore d'endiguer, renverse chaque jour ses défenses impuissantes et l'entraîne dans le gouffre de la démagogie, où elle périra à son tour, comme les classes dirigeantes, ses devancières, dépossédées à son profit.

La bourgeoisie, en effet, n'a de vie normale que comme classe intermédiaire. Elle ne s'appelle précisément la classe moyenne que parce qu'il en existe deux autres, une au-dessus, l'autre au-dessous. Elle a trouvé juste de détruire ses limites supérieures. Pourquoi se plaindrait-elle que ses frontières inférieures soient envahies chaque jour par d'autres intrus, qui le lendemain de leur avènement proclament à son exemple la légitimité du fait accompli, espérant bien, mais en vain, barrer le chemin à de nouveaux envahissements, tout aussi logiques. Le terme final d'un pays qui, ayant aboli la loi harmonique de la hiérarchie et des inégalités nécessaires, n'a conservé que l'inégalité de la fortune, est de n'offrir plus que l'image d'une foule mouvante, ne possédant que la démarcation précaire de la richesse. C'est l'état actuel, où le classement social a pour facteur absolu l'argent. Dès lors le peuple entier est livré aux âpres convoitises, et le pays devient l'arène de passions sordides.

L'argent aujourd'hui mène à tout, même à l'Institut. L'Académie française l'honore également de ses suffrages, comme feraient de simples mortels.

Des sénateurs et des députés profitent de leur situation pour obtenir de riches prébendes dans les sociétés financières, les compagnies de chemins de fer ou de l'industrie. Les programmes libéraux de jadis stigmatisaient, au nom de la dignité et de l'indépendance parlementaires, ce fâcheux cumul des fonctions législatives et industrielles, d'autant plus déplacé que, sénateurs et députés sont déjà rétribués à raison de leur mandat. Les abus, les faveurs, le népotisme surnagent dans tous les naufrages politiques ; ils ne font que se déplacer en empirant avec toutes les révolutions, qui se contentent de changer la feuille des bénéfices et d'inscrire de nouveaux bénéficiaires, encore plus affamés.

Il ne peut y avoir de société stable sans la tutelle des classes dirigeantes. Or la richesse, devenue l'arbitre souverain du classement, est incapable de créer une élite ; car la richesse se déplace sans cesse, surtout quand elle a pour base première le crédit et la fortune mobilière, qui ont succédé à la fortune territoriale tombée en défaveur en même temps que la noblesse, qui, faisant corps avec elle, la possédait et la protégeait par ses institutions et ses coutumes.

Le triomphe de la bourgeoisie a eu pour corollaire la suprématie des villes sur les campagnes, ce qui implique une commotion non seulement politique, mais éminemment sociale. L'axe s'est déplacé par le fait de la révolution, aux dépens de la paix publique. En effet l'énorme accroissement de certaines villes, surtout de la capitale, et l'émigration continue des campagnes vers les centres urbains ont donné naissance à un prolétariat besogneux, nomade et menaçant. L'œuvre de centralisation, commencée par la royauté, se consomme dans l'État moderne avec une intensité autrement grave. C'est le seul legs du passé, qu'il n'ait pas répudié, et précisément le point qui était à réformer. La monarchie n'avait guère effectué que la centralisation politique, qui a son côté utile; elle respectait les coutumes, qui étaient le dépôt des immunités locales et libertés réelles; les gouvernements issus de la révolution l'ont complétée, et organisé la centralisation administrative la plus compliquée, dont les attributs vicieux sont si bien définis par cette phrase de Lamennais: « C'est la paralysie dans les membres et l'apoplexie au cœur ». Tous les publicistes s'accordent cependant pour reconnaître que la force d'un pays n'est pas autre chose que la somme des énergies individuelles, des forces locales. La centralisation, en les énervant et les annulant, affaiblit virtuellement la nation.

Mais c'était la tendance de Paris d'absorber les forces vitales du pays. Or la bourgeoisie était l'émanation des villes. C'est là qu'elle possédait son véritable centre d'action, surtout dans la capitale, dont elle s'évertua à étendre l'influence. Elle ne représente nullement l'élément rural qui, par parenthèse, a peu de goût pour le bourgeois, enrichi à ses dépens; en réalité, elle n'est bien que la représentation de l'élément urbain. C'est pourquoi l'accession au pouvoir de la classe moyenne marque une révolution économique dans les campagnes, qui se voient délaissées au profit des villes : tout pour les villes, rien pour les campagnes, voilà le programme mis en pratique de nos jours. La terre est abandonnée aux mains des paysans. Peu à peu ceux-ci émigrent pour se procurer une existence moins rude ou plus rémunératrice, surtout pour participer aux grands travaux entrepris dans les cités. La classe des cultivateurs va ainsi diminuant, et celle des ouvriers, des nomades, augmente. De là proviennent la hausse des salaires, l'enchérissement de la vie, l'avilissement de la terre pliant sous le fardeau de l'impôt foncier, la substitution de la richesse mobilière et fiduciaire à la richesse territoriale, et le développement des institutions de crédit, qui, en prenant une extension démesurée, finiront par amener un cataclysme financier.

Le palladium de la bourgeoisie était le suffrage fondé sur le cens. Ce mode électoral répondait à ses aspirations, assurait sa prépotence, mais ne satisfaisait point les couches subalternes, qui, à leur tour, voulaient s'emparer d'un pouvoir précaire, ne reposant que sur la donnée flexible du fait accompli. Ce boulevard factice ne put résister à l'assaut des derniers arrivants, et dut céder la place au suffrage universel direct. Avec ce système électoral, formule suprême du nivellement révolutionnaire, triomphe de la matière contre l'intelligence, la domination de la bourgeoisie, devenue malaisée et orageuse, est vouée à une ruine imminente, car chaque jour elle est obligée d'ouvrir ses rangs à de nouveaux intrus. L'ascendant de l'argent est forcé de se combiner avec la tyrannie écrasante du nombre. Le capital est mis aux prises avec le prolétariat.

VII

Les orages civils ont cela de commun avec ceux de l'atmosphère, qu'ils favorisent les éclosions parasitaires. Sous cette rubrique, apparaît une catégorie curieuse, inconnue jusqu'à ces derniers temps en Europe, mais qui déjà sévissait en Amérique. C'est celle des *politiciens*, ainsi nommée parce qu'elle se recrute d'individus se vouant dès leur entrée dans la vie à la politique, comme d'autres au sacerdoce, au commerce, au service militaire; c'est leur carrière, nullement pénible, très fructueuse aux époques troublées. Elle n'oblige à rien qu'à suivre sa fantaisie et pérorer. Les grades se prennent dans les cafés, les brasseries ; le stage se fait dans les rangs subalternes de la presse, les clubs, la salle des Pas-Perdus des tribunaux, et sur les boulevards. Il importe de déployer de l'activité aux périodes électorales, à propos des grèves ; de se produire, dans les conférences, dans un procès retentissant, soit comme inculpé, soit comme avocat ; dans ce dernier cas, c'est le clou, selon la locution en vogue. Les portes de la Chambre ne tardent pas à s'ouvrir devant le jeune tribun, qui friand de notoriété prend aussitôt possession de la tribune au moyen de quelque proposition d'allure accentuée, au besoin stupéfiante, et bientôt se trouve immatriculé parmi les candidats aux ministères ; car les politiciens sont essentiellement de la chair à portefeuilles. Mais on a beau dédoubler les départements ministériels, on ne parvient jamais à caser tous les aspirants dans le compartiment réservé aux secrétaires et sous-secrétaires d'État. La plupart restent sur le quai, attendant le convoi suivant.

Si parfois le politicien est exposé à aller sur le terrain, c'est plutôt une bonne fortune qu'un danger. Un duel parlementaire, savamment agencé, conformément au progrès moderne, ne compromet guère l'existence et pose à merveille : c'est de la haute réclame. L'affaire, engagée à grand orchestre, traîne trois ou quatre jours dans les journaux au moyen de cartels, rectifications, arbitrages, correspondances de témoins, procès-verbal préparatoire. Enfin arrivent le jour annoncé du champ clos, et le procès-verbal détaillé de la rencontre à l'épée, constatant qu'après sept reprises et cinquante minutes d'une lutte acharnée un des champions a reçu une égratignure au pouce, qu'alors les témoins s'interposant ont déclaré l'honneur satisfait et mis fin au combat. Dans des passes d'armes de cette dimension, ne serait-il pas de bon goût d'offrir des sièges aux pauvres témoins ?

Grand Dieu ! Qu'un pays est bête de confier ses affaires à pareille engeance ! Quelquefois il se prend à en gémir. Mais n'a-t-il pas tort de se plaindre de son gouvernement ? Après tout, il n'a jamais que celui qu'il mérite ; toujours il n'a pour s'apprécier qu'à se mirer dans le régime qu'il subit ; si déplaisante qu'elle lui paraisse, l'image réfléchie par ce miroir ne reproduit que ses propres traits. L'obsession des visées ambitieuses finit par causer une sorte d'hallucination spéciale, oblitérant jusqu'au sens moral. Toute voie semble bonne, pourvu qu'elle mène au but. Les malheurs publics apparaissent sous un aspect mitigé de consolations. Ne dévoilait-il pas avec une naïveté féroce cet optimisme égoïste ce ministre, d'ailleurs spirituel, de la défense nationale, qui s'écriait que, pour être débarrassé de l'empire, la perte de trois départements n'était pas une rançon trop chère. Les agitateurs, visant les premières places, feraient bien de s'abstenir d'incartades ou d'exagérations intransigeantes, qui plus tard leur réservent d'amers regrets, et ne pas oublier la mésaventure de Bernadotte, qui, n'étant que sergent-major en 1789, se jeta à plein collier dans le mouvement. Sa ferveur jacobine lui suggéra la fantaisie d'un tatouage indélébile, figurant sur son biceps une petite guillotine surmontée de cette inscription : « Mort aux rois et aux tyrans ! » Que n'eût pas donné le nouveau roi de Suède pour effacer ce stigmate, lorsque, quelques années après, il prit rang parmi les têtes couronnées ? Mais, ne pouvant venir à bout de la maudite empreinte, restée ineffaçable, il s'assujettit à ne jamais découvrir le bras criminel de lèse-Majesté, même à son médecin, qui dans un cas grave avait besoin de l'examiner.

Dans des temps réguliers, la politique n'est pas un métier. Son haut personnel se recrute par une sélection opérée dans les sphères supérieures, dans les sommités de toutes les carrières, parmi ceux qui se sont distingués par des travaux utiles, des services publics. Le cercle des personnages consulaires était restreint aux époques antérieures ; nul ne se serait avisé d'y prétendre dès l'adolescence, en faisant de la politique, comme on fait de la musique. L'État se sent mieux ordonné et plus tranquille, quand les fonctions ministérielles ne restent pas à la portée de toutes les brigues, et demeurent l'apanage d'un petit nombre. C'est à cette considération que correspond si finement l'exclamation d'une femme pleine de sens, d'esprit et de vertu, madame Corbière, lorsqu'on lui annonça que Louis XVIII venait d'appeler son fils au ministère : « Voilà Jacques ministre ! Alors la révolution n'est donc pas finie ?... » Certes la digne dame n'entendait nullement contester les mérites, le talent et les opinions de son fils, qui possédait bien les qualités requises pour le secrétariat d'État ; elle entendait seulement dire que celui-ci ne semblait pas désigné pour une si haute fortune, laquelle ne s'expliquait à ses yeux que par les mouvements capricieux du flux et du reflux politiques. La modestie de la vieille madame Corbière est bien démodée ; les mères ou les femmes de ceux qui entrent de nos jours au Parlement, entrevoient dans leurs mains avec plus de complaisance le maroquin rouge, qui, du reste, a perdu quelque peu de son prestige.

La défaite des couches successives, s'installant tour à tour au pouvoir, n'a rien de rassurant pour la société livrée à la démocratie et menacée par la démagogie, derrière laquelle il n'y a plus de relais politiques, et attendent pour la dévorer le socialisme d'abord, l'anarchie ensuite. La première condition pour résister est d'avoir des ouvrages défensifs. La bourgeoisie n'en a pas de solides ; en sapant l'édifice ancien, elle a commis la faute de renverser tous ceux qui existaient. Ses mains sont impuissantes pour retenir un mouvement qu'elle avait eu la force de déchaîner mais non d'enrayer, d'autant mieux que, malgré l'intelligence dont elle a donné tant de preuves irrécusables, il est fort douteux qu'elle possède l'esprit politique, qui exige la hauteur dans les idées, la constance dans les desseins, le courage dans l'action, par-dessus tout le désintéressement,. la vocation au sacrifice dans un but général, enfin, une série de sentiments élevés et généreux, qui se trouvent dans les aristocraties.

La classe moyenne a certainement des qualités remarquables ; mais ce sont en général des qualités privées, d'ordre familial et domestique, plutôt que d'ordre public. Elle se distingue par le sens des affaires, l'âpreté au gain, la préoccupation de ses intérêts particuliers, une grande facilité à s'accommoder de tout, à transiger sur toute chose, et à capituler sans cesse pour sauvegarder sa fortune. Avec de pareilles tendances, on ne peut gouverner longtemps, parce qu'à chaque capitulation on s'affaiblit. C'est le triste spectacle donné depuis quelques années par la bourgeoisie, qui, se sentant menacée par les couches nouvelles, n'a pas le courage de tenir tête à la tourmente. Au lieu de résister, elle ne s'occupe que de jeter du lest. Pour capter la multitude, dont les suffrages décernent le pouvoir, elle se prête à n'importe quel expédient, ne se refuse à aucun essai, si périlleux qu'il soit. Résignée à toutes les concessions, pourvu qu'on lui laisse son argent, elle n'oppose aucune résistance aux doctrines les plus subversives. Foncièrement sceptique, voltairienne et égoïste, elle sanctionne tous les attentats à la religion, le service militaire imposé aux séminaristes, l'instruction primaire laïque, gratuite et obligatoire, vote toutes les lois dissolvantes : divorce, laïcisation des hôpitaux, suppression des aumôneries dans l'armée, méconnaissance du repos dominical, etc., et dans un avenir prochain accordera sans doute son vote au jury en matière civile et correctionnelle, à la dénonciation du concordat, à la séparation de l'Église et de l'État, à l'abolition du budget des cultes. Aucune des institutions tutélaires, qui garantissent l'ordre moral et matériel, ne trouvera grâce devant la rage révolutionnaire, qui se montre d'autant plus arrogante, qu'on lui cède perpétuellement. La classe moyenne ne se portera résolument au secours d'aucune, espérant toujours qu'il s'agit du dernier sacrifice, et qu'en retour la propriété, son unique souci, sera préservée. Vain espoir ! Quand, après toutes les ruines consommées, la société désemparée se trouvera face à face avec le prolétariat, la propriété sera indubitablement attaquée et engloutie comme tout le reste, pour n'avoir pas su se défendre à temps. Triste et inexorable dénouement, qui répond à ce que Bacon appelle de *larges justices!*

Avec sa myopie ordinaire, la bourgeoisie n'a même pas su organiser le suffrage universel, devenu le mode électoral incontesté, qu'on ne peut songer à rejeter, mais qu'on pouvait mettre à deux degrés, ou, si l'on tenait à lui laisser dans son intégrité le caractère direct, le faire fonctionner proportionnellement aux intérêts engagés, établir enfin ce qu'on nomme la représentation des intérêts. C'eût été prudent et véritablement conforme à l'équité. Car la part dans la gestion doit correspondre à la part dans les charges et aux garanties offertes, tout en réservant la participation de tous et de chacun. Quelle est la société industrielle, où se soit fait jour la prétention que le possesseur de mille actions n'est pas plus intéressé à l'œuvre commune que le porteur d'une seule; que l'opinion des deux a le même poids, et qui ne reconnaisse à chaque actionnaire qu'une voix unique dans les délibérations à prendre, quel que soit le nombre des titres afférents à chacun? La théorie est d'une telle insanité, qu'elle ne s'est jamais formulée. Il a fallu la folie rationnelle de l'égalitarisme pour en juger autrement dans la société politique. Il n'a tenu qu'à la bourgeoisie d'organiser le suffrage universel, suivant les règles d'une sage et équitable représentation des intérêts. Car elle disposait, comme elle dispose encore, de la majorité au Parlement. Si elle s'y est refusée, c'est uniquement par la crainte de donner quelque influence aux débris bien peu redoutables de la haute classe. Son incurable jalousie, comme toujours, lui a mis un bandeau devant les yeux.

Par suite de ce même aveuglement, la bourgeoisie n'a pas eu le bon sens de maintenir les prérogatives de la propriété, qui est pourtant son idole. Ainsi, jusqu'à ces dernières années, les plus forts imposés dans chaque commune étaient adjoints aux conseillers municipaux dans certains cas déterminés, comme lorsqu'il s'agissait de grever le budget communal, de consentir des emprunts, d'établir des centimes additionnels; maintenant ils sont exclus de ces délibérations, où ils apportaient un salutaire contrepoids aux inclinations gaspilleuses assez fréquentes chez ceux qui n'engagent que l'argent d'autrui. C'est la guerre au capital, qui se déclare à coups redoublés. Il y a là un enseignement, qui ne doit pas être perdu de vue, surtout quand on songe que ces mesures législatives sont votées par une majorité de bourgeois après tout, lesquels cèdent à la pression par peur, par imprévoyance, par démangeaison de popularité, par calcul d'ambition, enfin par un affolement comparable à celui de ces membres coupables de l'aristocratie, qui fomentèrent le mouvement de 1789, firent litière de leurs prérogatives et ouvrirent la place désertée à l'ennemi. Les leçons de l'expérience sont toujours vaines, et ne profitent que trop tard à ceux seulement, qui ont commis et expient les fautes. Les imprudents d'aujourd'hui tombent dans les mêmes errements et s'étourdissent dans les plaisirs de la vie, tant qu'ils ne sont pas directement atteints dans leur fortune. Certes tout le monde pressent qu'on va à l'abîme. Mais les bourgeois se disent comme Louis XV que « les choses, comme elles sont, dureront autant qu'eux ». Après eux, le déluge! C'est le vœu d'un égoïsme insensé. Sur le bord du précipice, les malheureux évitent de le regarder pour ne pas troubler leur quiétude. La société fait l'effet d'un équipage, voguant sans boussole et sans pilote, qui, menacé de s'engloutir dans les flots, s'enivre pour échapper à l'obsession du naufrage imminent.

VIII

Vainement la bourgeoisie, pour atténuer sa responsabilité dans l'effondrement national, prétendrait-elle n'être pas seule en cause et invoquer la coparticipation des autres classes dites supérieures par habitude de langage. L'excuse n'est pas recevable, attendu que le tiers état est *tout*, selon sa formule, depuis la révolution, qui s'est accomplie par son fait, et à son bénéfice. Recueillant toutes les dépouilles, il assume toutes les responsabilités. Quand, dans un prochain travail, nous étudierons l'ancienne société, nous serons amené à exposer les fautes respectives des divers éléments qui la constituaient; chacun aura sa part, la noblesse comme le clergé et la royauté. Mais sous le régime nouveau ces forces sociales ont disparu, et, privées d'existence propre, d'action collective et directe, n'ont plus à répondre d'une situation créée sans elles et contre elles. La royauté a sombré dans la tourmente. Le clergé survit, à la vérité, mais sans puissance corporative ni immunités particulières. Dépouillé de ses biens comme de ses privilèges, il a souvent maille à partir avec des gouvernants, qui s'acharnent à le faire descendre au rôle, indigne de son caractère, d'un groupe de fonctionnaires.

Quant à la noblesse, elle a été détruite d'abord en droit par l'Assemblée constituante le 19 juin 1790, ensuite en fait par l'oisiveté, la pauvreté et les mésalliances. Les déclarations ultérieures lui reconnaissant une existence légale sont de pures fictions. Le nom est resté, mais la réalité a disparu. Ce qu'on décore de cette dénomination n'est plus qu'un vain fantôme du passé! Il subsiste des noms nobles, des familles nobles, mais de corps de noblesse, point. Pour constituer une noblesse véritable, il importe qu'au titre honorifique soit jointe la fonction sociale. Il n'y a d'aristocratie qu'à cette condition essentielle. Telle elle existe encore, à l'état de décadence toutefois, ou du moins de transformation, en Angleterre, en Allemagne, en Russie, en Autriche. Chateaubriand dit très bien (*Mémoires d'outre-tombe*) que « l'aristocratie a trois âges successifs : l'âge des supériorités, l'âge des privilèges, l'âge des vanités; sortie du premier, elle dégénère dans le second, et s'éteint dans le dernier ». La première période était au XVIIIe siècle, close depuis longtemps ; la seconde expira en 1789 ; la troisième est condamnée à une durée éphémère, comme tout ce qui ne repose que sur une chimère. Nous sommes à la dernière heure. Chose digne de remarque, la monarchie a péri pour avoir abattu l'aristocratie, et la bourgeoisie encourra le même sort pour la même faute ; car, si l'aristocratie est nécessaire pour la conservation de la royauté, au point que Bacon et après lui Montesquieu posent l'axiome : « Pas de noblesse, pas de monarque », elle n'est pas moins utile au salut de la classe moyenne, qu'elle protège contre la démocratie destinée à la dévorer. N'est-ce pas la peine du talion, tenue en réserve par la Justice providentielle ?

Un corps politique ne se conserve qu'en raison de son utilité et par l'exercice des fonctions publiques inhérentes à sa nature. Les deux principales étaient pour la noblesse de combattre et de juger. C'est une grande erreur de s'imaginer, comme on le fait couramment dans la France moderne, que noblesse correspond à l'idée de faveur, tandis qu'elle implique l'idée de charge, de devoir, d'obligation, d'où le vieil adage : Noblesse oblige ! Pour le dire en passant, l'histoire des révolutions de ce monde révèle qu'en politique il y a plus de suicides que de défaites par l'ennemi ; que généralement on expie ses propres fautes en devenant la proie de ses adversaires. Ainsi l'aristocratie française décroît en négligeant ou se laissant enlever par les légistes royaux les attributions judiciaires et ne retenant que celles du service militaire. Sous ce dernier point de vue elle ne faillit jamais; toujours prête à donner sa vie et son bien, elle fut admirable de vaillance guerrière. Mais, comme corps politique, elle commit de lourdes fautes qui amenèrent son déclin, conspiré par la royauté et la bourgeoisie représentée par les légistes. Les rois, surtout les Bourbons, ne cessèrent de travailler à son abaissement, ne voulant autour d'eux que des seigneurs sans pouvoir effectif, uniquement pour la parure du trône, tandis que restés puissants ils en fussent demeurés les supports. Ils préféraient les bourgeois, plus maniables. C'est dans leurs rangs qu'ils choisissaient leurs ministres, les dépositaires de leur autorité et de leurs faveurs. En France la bourgeoisie a été couvée par la royauté, et avait, grâce à son appui, atteint une influence qu'elle ne possédait nulle part ailleurs; ce qui ne l'a pas empêchée de présenter au monde un des plus tristes exemples d'ingratitude, en renversant la dynastie, qui lui avait donné naissance, lustre et protection. La noblesse française, dépouillée, déprimée, ruinée par ses rois, fut au contraire superbe de dévouement chevaleresque, surtout cette vieille, brave et pauvre noblesse de province, toujours prodigue de son sang, d'une fidélité inébranlable, qui avait conservé le dépôt des antiques vertus du patriciat, trop souvent oubliées par la noblesse de cour. Celle-ci, perdant de vue son origine féodale, délaissant le manoir d'aspect sévère où les ancêtres exerçaient leur patronage local, commit la faute d'échanger son influence terrienne contre les pompes de la cour. Elle a contribué au discrédit de son ordre par ses dérèglements, son esprit de fatuité et des écarts de félonie; car beaucoup trop de ses membres trempèrent, sinon dans les excès, du moins dans les utopies révolutionnaires.

La noblesse puisait sa force dans le sol, où s'enfonçaient ses racines. Le jour où elle déserta les campagnes, dont elle avait créé la prépondérance, pour se transplanter dans les villes ou à la cour, marque son déclin. Les rois, à dater de François Ier, attirèrent les seigneurs auprès d'eux; mais ce fut surtout à partir de Louis XIV, et par lui, que la cour les absorba. En devenant citadin ou courtisan, le gentilhomme fraya les voies de sa ruine. Dans les pays étrangers il y a eu diminution de pouvoir, modification d'existence. Le seigneur féodal s'est transformé en patricien politique, mais l'aristocratie s'est maintenue par certains côtés, a retenu quelques vestiges de sa puissance éclipsée, tandis qu'en France l'effacement a été complet, l'abolition absolue. La rage d'égalité n'a permis aucun compromis entre le présent et le passé. Toute réforme a été repoussée. Il a fallu une révolution radicale, qui n'a rien laissé debout, alors que toutes les améliorations désirables pouvaient s'effectuer par voie d'amendements, par des modifications successives et prudentes, et qu'elles se trouvaient généralement en germes dans l'ancienne constitution « inscrite-ès-cœur des Français ». Spectacle étrange et vraiment exceptionnel d'un pays répudiant en un jour l'ensemble de ses traditions et de ses coutumes !

Bien autrement avisée fut l'Angleterre, qui a su développer des institutions libérales en les fondant sur la tradition, laquelle plonge ses racines dans le moyen âge. Attachée au passé comme à son guide infaillible, elle s'applique à le garder et à l'améliorer par d'opportunes modifications. Mais en Angleterre c'est une oligarchie qui mène le pays, et la classe moyenne n'a qu'un rôle secondaire; la folie égalitaire n'y règne point; on s'attache à la liberté, non à l'égalité, qui est contre nature, car la nature n'a rien fait d'égal ; il est nécessaire qu'il y ait de l'inégalité parmi les hommes, comme dit excellemment Pascal. Le Français, au contraire, de tempérament à la fois autoritaire et niveleur, ne respecte ni la tradition, vrai patrimoine national, ni les coutumes, dépôt des libertés locales et réelles, s'écarte des voies sages tracées par le droit historique pour demander sa direction, non plus aux enseignements de l'histoire, comme l'Angleterre à la suite de son aristocratie, mais aux théories spéculatives préconisées par la bourgeoisie et ses philosophes. Aussi la nation anglaise conquiert la part possible des libertés pratiques et effectives, et la nation française se contente d'une liberté abstraite, idéale, sans effets positifs, et ne poursuit que la chimère de l'égalité.

Allant sans cesse d'un extrême à l'autre, de l'obéissance servile à la révolte impitoyable, le peuple français, inapte à poser des barrières et ne sachant qu'élever des barricades, comme le lui reproche justement Chesterfield, procède toujours par moyens excessifs, alliant à l'insubordination un rare penchant à se créer des idoles. C'est ainsi qu'au lieu de réformer, d'amender, en 1789, le tiers état a fait table rase; et son premier soin a été d'anéantir ce qui provoquait ses rancunes et ses convoitises. Loin de hâter la civilisation française, la révolution l'a plutôt ralentie dans sa marche normale, de sorte qu'on est fondé à répéter avec Montalembert que la révolution n'a été qu'une sanglante inutilité.

Ses procédés sont aussi sommaires qu'iniques. Elle débute par exproprier le clergé et la noblesse pour environ cinq milliards, ensuite fait banqueroute des deux tiers de la dette nationale. D'ailleurs quelle justice pouvait dériver d'une crise inaugurée par une double usurpation? La première résulte du doublement du tiers état qui, rompant l'équilibre traditionnel équivalait à une révolution et suffisait pour l'amener; la seconde consiste dans la transformation des états généraux en Assemblée constituante, ce qui excédait le mandat des députés. On ne doit pas passer sous silence que le tiers état fut singulièrement aidé dans cette double entreprise par une fraction de privilégiés, la plupart nobles de cour, qui, trahissant son ordre et son roi, passa dans les rangs des novateurs, à la suite d'un prince du sang, qui devint rigicide après avoir échangé, par acte authentique, son nom d'Orléans pour celui d'*Égalité*, de Mirabeau, de La Fayette, de Sieyès, du ministre Necker. Voilà les vrais auteurs responsables du mouvement révolutionnaire.

Dans un accès de délire sentimental, la noblesse de la Constituante, se laissant persuader de se suicider par ceux qui avaient juré sa mort, clôtura son existence politique par la *nuit du 4 Août*, qui, faisant pendant à la *journée des Dupes*, restera comme une date mémorable dans les fastes de la sottise humaine. Son illusion fut de courte durée; car, rentrée dans le rang, elle fut reçue avec défiance, bientôt après traitée avec une hostilité passionnée, de telle sorte que, de classe privilégiée, elle fut immédiatement transformée en classe de suspects et de proscrits, ce qui constitue une anomalie choquante par rapport à la fameuse théorie d'égalité, qui ne comporte, après tout, pas plus des catégories fondées sur la proscription que des catégories fondées sur le privilège. Mais telle est la logique à rebours de l'esprit révolutionnaire, qui ment à ses principes, dès que le but est atteint! Cette inconséquence s'affirma avec la dernière évidence par l'accaparement de l'héritage de la noblesse, que la bourgeoisie s'appropria sans façon. Non seulement elle s'enrichit de ces biens confisqués sous la formule fallacieuse de ventes des biens nationaux, mais peu à peu s'arrogea le rôle prépondérant reproché à ses victimes. L'aveu de cette convoitise échappe à Sieyès dans sa réponse au marquis de Ferrière, le blâmant de vouloir détruire la propriété : « Non, nous ne voulons pas détruire la propriété; nous voulons seulement qu'elle change de mains. »

IX

Dès qu'elle eut la fortune, la bourgeoisie en fit la clef de voûte du nouvel édifice et l'élément constitutif de la capacité politique. Une nouvelle féodalité, l'oligarchie financière, plana sur le pays, l'exploitant à son profit. Mais le pouvoir effectif ne lui suffit bientôt plus ; il lui fallut des titres, des décorations, des distinctions honorifiques. La plupart des fauteurs de la révolution, quelques-uns gorgés de rapines ou éclaboussés de sang, tous héritiers directs et bénéficiaires de la révolution, donnèrent quelques années plus tard un des plus tristes exemples de palinodie, en se travestissant en barons, comtes, ducs de l'empire. « Quel moyen âge »! s'écrie Chateaubriand, qui relève avec une ironie amère cette manie d'anoblissement chez les plus farouches destructeurs de la noblesse. En compulsant les biographies des principaux zélateurs de la révolution, on est écœuré de voir avec quel empressement ces démagogues intraitables, qui s'étaient intitulés sans-culottes et avaient coiffé le bonnet phrygien, s'affublèrent de titres décernés par la munificence impériale. Des traits d'une si insigne apostasie ne sont-ils pas de nature à encourager les déclassés à poursuivre la carrière révolutionnaire, très lucrative dans un siècle dévoyé ?

Cette tendance est si bien dans le tempérament bourgeois, qu'elle surnage dans toutes les tempêtes, t survit à toutes les périodes du cycle révolution-aire depuis un siècle. Détail singulier, digne 'être noté, c'est qu'à chaque commotion l'appétit e l'anoblissement s'accroît. Vraiment il eût fallut ire marquise la France entière, comme disait un rince spirituel. Ce sont les moments les plus trou-lés qui, comme les jours de bourrasque pour les êcheurs en maraude, semblent les plus propices ux usurpations de la particule ou des titres nobi-aires, de sorte que plus le flot démocratique nonte, plus les noms ayant apparence noble aug nentent. En 1789, on comptait environ vingt-six nille familles nobles. Depuis cette époque beaucoup 'entre elles se sont éteintes. Cependant le recense-nent actuel accuse un chiffre bien plus considérable, e triple à peu près. Si la chose était prise au érieux, il s'ensuivrait ce résultat bizarre, que ette fois la défaite aurait grossi l'effectif de la roupe. La coexistence de l'esprit de vanité et de 'esprit d'égalité, s'amalgamant très naturellement nsemble, produit le double phénomène suivant : celui-ci vise l'abaissement de la noblesse, tandis que celui-là s'évertue à en perpétuer l'ombre, pour e parer de son reflet.

Par une incohérence, qui ne s'est peut-être amais élevée à ce degré, à mesure que l'institution est discréditée, ces emblèmes obtiennent de plus en lus crédit. C'est qu'à la haine de la réalité se joint e goût pour l'image. Rien ne sourit plus au bour-geois opulent, qui a passé sa vie à médire de l'an-cien régime, à se moquer de toutes ces vieilleries démodées, que d'acquérir un manoir féodal et de s'y installer en gentilhomme terrien. C'est merveille de voir tous ces marchands retirés ou ces boursiers en activité se constituer, moyennant quelques centaines de mille francs, un petit fief agréable, où chaque semaine ils rééditent, sous des traits autrement comiques, l'opérette du seigneur du village. Cette féodalité chrysogène se mobilise surtout du samedi au mardi, et le dimanche marque les réunions plénières. Parfaits voltairiens par tradition pour la plupart, quelques-uns même des dernières fournées libre-penseurs, positivistes, darwiniens, athées, dès lors ne mettant pas les pieds à l'église d'ordinaire, ne négligent pas d'y paraître à la campagne, où le seigneur doit l'exemple, est tenu de marquer son accord avec l'autel. La vie n'étant qu'une comédie, il faut en savoir remplir les divers rôles : frondeurs au départ, conservateurs à l'arrivée ; sceptiques à la ville, religieux à la campagne. Certains, dans leurs acquisitions, attachent du prix à ce que la terre soit investie par la coutume du droit à un banc spécial dans la chapelle paroissiale. L'influence du rôle inocule au châtelain improvisé une ferveur inusitée, une sorte d'intolérance pieuse, qui va jusqu'à imposer aux hôtes amenés à son castel l'observance dominicale, même aux artistes qui, plus païens ou moins maniables, ont peine à se dérober à des obsessions, qu'ils ne supposaient pas chez leur amphitryon transformé. Un de ces hobereaux impromptus prit tellement au sérieux sa fantaisie, qu'il se dégoûta subitement de sa demeure, de style Louis XIII, parce qu'un érudit de passage lui fit observer que son banc n'était qu'à gauche, du côté de l'Évangile, tandis que la vraie place du banc seigneurial se trouve à droite, du côté de l'épître. L'amour du pastiche le détermina à la vendre pour acheter un autre château, genre renaissance, qui possédait le précieux banc de droite. O Molière, que dirais-tu de nos bourgeois-gentilshommes, dont la race n'a fait que pulluler depuis la nuit du 4 Août !

Quelques-uns poussent le zèle du néophyte jusqu'à arborer le pennon de présence, dont la disparition est destinée à indiquer leur absence, et, à la place d'armoiries introuvables, surmontent leur portail d'un écusson fantaisiste, mettant, sans y songer, leur véritable enseigne dans ce blason écartelé de charlatanisme et timbré de supercherie. Au bout de quelque temps, ils allongent leur nom d'une particule complaisante, dont les aigrefins qui les bernent, et les faméliques qui les exploitent, consacrent l'usage. Des contrebandiers héraldiques, qui par spécialité travaillent en faux, non gratuitement, surviennent avec des généalogies d'imagination, et donnent à l'usurpation l'authenticité d'un nobiliaire imprimé avec luxe.

Les femmes aident beaucoup au succès de la pièce et jouent leur rôlet avec leur souplesse supérieure de transformation. Des filles d'épiciers se travestissent en un clin d'œil en fières châtelaines, à condition de changer un peu de latitude, de se transplanter de Languedoc en Bourgogne ou de Provence en Normandie. Cela n'exige que de l'aplomb et quelques dépenses faites avec une adresse pharisienne. Il suffit de distribuer quelques aumônes au perron du manoir avec cette ostention, que Bossuet appelait la *plaie de la charité*, d'avoir ses pauvres attitrés, de vêtir des enfants aux premières communions, d'enrichir l'église de dons éclatants, qui manifestent la munificence des habitants du château. Le baptême d'une cloche enlève l'affaire. C'est le clou, pour se servir du jargon à la mode. Le point important est de s'abstenir des œuvres secrètes, qui ne profitent que pour le ciel. Le curé devient généralement la première dupe d'aussi bonnes dames et ensuite leur complice inconscient. C'est la femme qui se fait le trait d'union entre le château et l'église, et qui a l'opiniâtreté et l'habileté de se ménager des relations dans le voisinage.

Si le rôle de la pseudo-châtelaine est plus incessant dans cette investiture de la féodalité chrysogène, celui de l'homme a mille occasions aussi de se déployer. Paris regorge de désœuvrés parasites, qui ne savent où passer la belle saison. Le châtelain puise facilement dans ce groupe mobilisable une clientèle d'invités, prompts à répondre à ses avances et prêts à ne pas reculer devant les flagorneries. C'est surtout à l'époque des chasses que les invitations se multiplient; car un parvenu intelligent est nécessairement chasseur ou doit le devenir sous peine de déchéance. La chasse n'est-elle pas un déduit essentiellement féodal, un vrai sport de gentilhomme ? Les ploutocrates n'ont garde de s'y tromper ; ils se livrent aux délassements cynégétiques avec entrain, parfois sans la moindre vocation, pour imiter les hobereaux, et y dépensent de fortes sommes. Qui n'a vu maintes fois ces types de la vie moderne, qui déposant l'aune, l'habit du magasin, la spatule du laboratoire, la plume du bureau, le dossier ou le carnet, dès qu'ils se sont adaptés à leur panoplie, se croient de tout autres personnages, quelque chose comme des descendants de Gaston Phœbus ou des émules du sire du Fouilloux? C'est à se demander si la démocratie, pour être réellement fondée en France, ne doit pas attendre que l'on n'y chasse plus. Que de mirages dans la cervelle d'un homme en quête de parvenir ! En vérité les entrepreneurs en révolution, de bonne foi, s'il s'en trouve toutefois, seraient bien ébahis si un miroir magique leur montrait leur postérité à la seconde ou troisième génération. Mais c'est la descendance qui ne rirait pas, si les ancêtres se dressaient publiquement devant eux !

Notre siècle si banal, plat et uniforme, n'offre plus de types en relief, si ce n'est quelques variétés intéressantes dans le giron toujours grossissant des parvenus. Ce sont la finance, le négoce, le monde des affaires, qui naturellement fournissent le plus fort appoint, étant donné que l'argent est l'unique étalon du classement. Leurs fortunés représentants ont accaparé presque toutes les résidences historiques, les juifs en tête. Parcourez la France, et faites le dénombrement des fiefs, châtellenies, baronnies, vicomtés, comtés, marquisats; bien peu restent en mains nobles, moins encore en possession des maisons liées à leur histoire. Le plus grand nombre est devenu la proie et la parure de la bourgeoisie, très souvent de gens qui n'étaient pas bourgeois en 1789, enrichis rapidement par l'usure, le trafic et le jeu. Quelquefois même c'est la progéniture d'anciens laquais, fournisseurs ou hommes d'affaires de ces seigneurs, qui détient leur demeure. S'il s'y trouve des tableaux de famille, ils sont accueillis comme une bonne aubaine. Mais l'état civil des personnages est quelquefois compromis. Maints portraits servent d'ascendants *adoptifs* à leurs possesseurs d'occasion.

Plus heureuses sont les ruines, qui ne sont plus hantées que par les légendes. Elles ont du moins la chance de ne pas survivre à leur raison d'être, et d'avoir sérieusement accompli leur cycle, au lieu de se prêter aux travestissements modernes et à des remaniements qui, la plupart du temps, sont horriblement maladroits; car le bourgeois met son cachet sur les restaurations, qu'il entreprend pour assouvir sa gloriole et ployer à ses caprices et au confort de son existence des bâtisses créées pour des habitudes bien différentes. Mieux vaut un vieux cadre vide, que mal rempli et ajusté à un tableau disparate. *Sunt lacrymæ rerum!* C'est pourquoi les châteaux du moyen âge paraissent déplacés aux mains de beaucoup de leurs propriétaires actuels. Les fidèles amateurs du passé les préfèrent à l'état d'abandon et de solitude. Les beaux débris qui jonchent le sol, les vieilles tours qui profilent leur silhouette crénelée au-dessus de la douve encombrée de son pont-levis, tous ces vestiges de monuments délabrés, qui restent comme des pages de granit, racontant dans leur langage symbolique les vicissitudes des siècles évanouis, font meilleure figure que les restaurations hybrides et les appropriations bâtardes. Le squelette du passé a plus d'attraits poétiques que son rajeunissement aux seules fins de servir à une parodie.

Potius mori quam fœdari.

L'objectif des manieurs d'argent est de s'ériger un simulacre de fief, où ils paradent pendant la morte saison des affaires. Quelle singulière renaissance ! Les coups de Bourse tiennent lieu de passes d'armes. Certains, plus ingénieux, ont eu l'art de réaliser leur rêve à peu de frais. Tel est le cas de cet original qui, combinant l'ostentation et l'économie, avait construit autour de sa masure une sorte d'armature gothique, couronnée de créneaux et flanquée de tourelles ; pour le passant c'était un majestueux manoir ; mais pour celui qui pénétrait à travers cette cuirasse postiche masquant un vulgaire logis, le désappointement était complet. Tout cet appareil moyen âge se réduisait à une mince façade ; d'où advint le surnom de seigneur de la Devanture. Plus malins encore sont ceux, qui, sans immobiliser leurs capitaux, s'arrangent pour parader dans un château d'allure grandiose, moyennant un simple loyer. C'est l'espèce assez rare des seigneurs locataires. Voilà des types nouveaux, inconnus aux âges antérieurs.

L'intronisation de ces feudataires dorés a généralement été fâcheuse dans les campagnes, dont ils ont altéré la simplicité primitive et accru les penchants cupides, en leur révélant que l'argent est le but principal de la vie. Pour se faire bien venir des populations, éclipser les personnalités indigènes moins fortunées, humilier les hobereaux qui y végètent encore dans une condition chaque jour décroissante, ils ont fait grande dépense, élevé les salaires, amené un renchérissement général, moyen sûr mais coûteux, malsain et dangereux de se populariser; car l'appétit grandit en s'exerçant; ensuite, dès qu'on veut mettre un frein, la popularité surprise par cet artifice, uniquement fondée sur le lucre, s'envole. Les ploutocrates alors crient à l'ingratitude. Mais si l'on songe à l'impureté de la source, leurs doléances se formulent à tort; car, en bonne justice, toute récolte correspond à la semence. Tous ceux qui ont pratiqué la vie de province peuvent témoigner de ce fait : que le renchérissement de l'existence dans chaque contrée date de la survenance de familles étrangères appartenant à la ploutocratie, qui en ont modifié le train ordinaire, en introduisant les habitudes et les prix de la capitale. Car cette oligarchie à rebours est de tous points l'opposée de l'ancienne; celle-ci résidait dans les campagnes, dont elle empruntait et conservait les mœurs simples. Celle-là, tirant son origine des villes et son parchemin de sa bourse, a mené le luxe à sa suite. La démoralisation des classes rurales est dans une large mesure son ouvrage.

Les gouvernements successifs, qui ont régi la France, se sont évertués à se concilier la bourgeoisie en multipliant les anoblissements. C'est légal, mais absurde. Pourquoi ajouter des membres à un corps privé de vie? Parce qu'on a gagné un titre, surpris ou obtenu un jugement autorisant la particule auprès d'une magistrature de tout temps hostile à la noblesse et empressée de l'humilier par des intrusions suspectes, on s'imagine être gentilhomme. D'abord c'est une hérésie. Cette qualité n'appartient qu'à ceux très clair-semés, qui sont nobles de nom et d'armes, sans trace d'anoblissement connu. Les rois eux-mêmes pouvaient donner la puissance, attribuer un rang, mais non la véritable noblesse, qui est fille du temps et de l'histoire, enfin créer un prince, mais point un gentilhomme. Les souverains, qui n'ont que trop pratiqué cet abus, regardaient parfois avec un dédain non déguisé les sujets, qu'ils anoblissaient moyennant finance : « Pour moi, dit un jour l'empereur Joseph II à Casanova, je n'estime pas ceux qui achètent la noblesse », ce qui lui attira cette réplique du caustique aventurier : « Et ceux qui la vendent, Sire ? »

Mais les parvenus n'y regardent pas de si près. Pourvu qu'il possèdent une demeure de féodale origine, ils se figurent être devenus gentilshommes, absolument comme des coloquintes, qui prétendraient être des oranges, parce qu'elles s'étaleraient dans une orangerie. Théodore Barrière avait un mot plaisant pour traduire l'effet burlesque de ces contrefaçons prétentieuses : « C'est, disait-il, comme s'ils voulaient faire pousser des mollets sur des échasses ». Si d'aventure la couche de chrysocale, dont sont enveloppés certains ploutocrates, est trop vivement grattée, le manant reparaît.

Si le commerce et la banque procurent le plus gros contingent à la légion des faux nobles, ils n'en composent pas tout l'effectif, qui se recrute un peu partout, attendu que l'amour-propre est de toutes les paroisses. Les carrières du gouvernement, les administrations publiques, la magistrature pour une bonne part, encore plus la diplomatie y contribuent largement. Quel prestige croit donc atteindre l'État, en répandant à profusion la fausse monnaie pour se faire représenter à l'intérieur et surtout à l'extérieur, où ces métis jurent avec la haute qualité des diplomates accrédités par les souverains d'Europe ? Nos chargés d'affaires ne se sentent-ils pas quelque peu dépaysés dans ces milieux d'élite ? Notre influence dans tous les cas n'y gagne point. Mieux vaut la simplicité puritaine des Américains que cette exhibition de contrebande. L'esprit révolutionnaire, dont le venin subtil s'est propagé dans toutes les classes à doses inégales mais partout apparentes, ne détourne pas les Français de la recherche des titres et des distinctions ; quand ils ne peuvent en décrocher dans leur pays, ils se pourvoient à l'étranger. La curie romaine en sait quelque chose ! Amateurs de brevets exotiques, essayez le plant de *Comte romain*, ça pousse partout.

Nulle part le trafic des décorations étrangères n'est aussi développé qu'en France. Aussi doit-on être pleinement rassuré sur le sort de la Légion d'honneur, qui, quoi qu'il advienne, surnagera au-dessus de tous les régimes, parce qu'elle répond à un besoin constitutionnel. Le même motif s'opposera à ce qu'elle soit exclusivement attribuée à l'armée; la preuve cependant qu'elle est bien la récompense spéciale de la valeur guerrière, c'est qu'elle sort son plein et entier effet seulement pour les militaires, qui, indépendamment du titre, jouissent d'une dotation, tandis que les décorés civils ne semblent que des assimilés, par la raison qu'ils n'en touchent pas le traitement, du moins jusqu'ici; car avec la fringale régnante on ne peut répondre de rien. Si répandue que soit la *Légion d'honneur*, elle ne suffit plus à l'appétit démocratique. Il a fallu, pour apaiser sa boulimie, inventer le *Mérite agricole*, et corroborer le tout d'innombrables palmes académiques. En vérité on ne voit pas trop pourquoi on ne créerait pas une dernière décoration, destinée à fleurir la boutonnière de ceux qui n'ont rien obtenu; ce serait une croix de consolation ayant mission de calmer l'envie des déshérités, à l'imitation des prix de consolation, que certains établissements scolaires distribuent aux disgraciés des concours.

C'est vraisemblablement à un motif analogue qu'il faut attribuer la conservation officielle, quoique purement fictive et illusoire de la noblesse. Ce n'est certes pas par amour des patriciens, mais bien dans l'espérance de parvenir au patriciat et de profiter des anoblissements prodigués sans trop d discernement par tous les divers gouvernement jusqu'à celui-ci exclusivement. Ceux décernés a civil n'apparaissent que comme les bons numéro sortis à la loterie politique. Tout autres sont les titre militaires, qui rappellent de mémorables victoire des faits d'armes, des souvenirs glorieux. La nobless guerrière de l'empire a son lustre, parce qu'ell aussi est fille de l'histoire. En définitive, puisqu depuis 1789 la noblesse n'existe plus réellement, est illogique d'en multiplier la contrefaçon. S même sous le régime actuel qui n'use plus de l fameuse savonnette, les couches nouvelles n'im posent pas la suppression de la noblesse et de titres, c'est apparemment avec l'arrière-pensée d'e profiter. Il y a toujours moyen de s'arranger. Quan le gouvernement n'anoblit pas, on s'anoblit soi même. On se passe de suzerain ; c'est de plus fièr allure ! Tout est bénéfice. On ne relève que de so et de Dieu. *Ré qué Diou !* selon la devise des Tal leyrand-Périgord. Comme Dieu est menacé d destitution, on est exonéré de toute allégeance.

X

Toute cette digression sur les parvenus a pou but de démontrer qu'il n'y a plus de noblesse réell en France, que ce qu'on qualifie de ce nom n'es qu'une ombre, une rare épave surnageant dans c flot grossissant d'usurpations ridicules, un simpl souvenir, qui excite à la fois la jalousie et l'imita tion, mais qui ne constitue ni une caste, ni un corps distinct, et présente seulement des individualités éparses, sans rang ni fonction dans l'État, sans cadres, sans drapeau, même sans cohésion. Car l'aristocratie française n'a pas gardé l'esprit de corps, éliminé par l'esprit d'égoïsme. En même temps que les bourgeois envahissaient sa place, elle contractait leurs mœurs étroites et positives, s'éprenant à leur exemple du culte des intérêts matériels. C'est ainsi que, les uns montant, les autres descendant, les distances se sont rapprochées, peut-être au détriment de chacun; car dans ces amalgames, c'est plutôt la fusion des travers qui s'opère.

Les nobles ont perdu leurs mœurs plus hautes, leur désintéressement antique, leur fière et indépendante allure pour se plier au train d'un monde nouveau, où le souci de l'intérêt prédomine, où la vanité s'est substituée à la fierté, où il faut se baisser pour avancer ; tandis que, de leur côté, les bourgeois n'ont emprunté que les défauts de ceux qu'ils supplantent et copient. En définitive, la noblesse s'est fondue dans la bourgeoisie, bien plus qu'elle ne croit, en recherchant son alliance pour se soutenir par des mariages d'argent. Cette tendance fâcheuse, qui semble particulière à la France, remonte déjà loin, est antérieure au code civil, qui l'a rendue irrémédiable, et se faisait remarquer déjà avant la révolution ; elle date surtout de la Régence, point de départ de tout le mal dans ce pays. C'est indubitablement une des causes de sa décadence.

Depuis quelques années la vénalité matrimoniale

se généralise, au point que de grands noms ne craignent pas même l'infusion du sang juif dans leur lignée. Du reste, par suite de leur fréquence, les mésalliances ont baissé de prix. Les bourgeois, encore charmés de s'allier aux vieilles familles, savent trop bien compter pour ne pas profiter de l'abondance de l'offre, et trouvent plus expédient d'acquérir ce lustre à meilleur marché. M. Poirier prend sa revanche ! Il n'a pas tort, puisque les fils des croisés sont de si bonne composition. Ceux-ci n'ont plus de force, parce que, comme tout le reste, dans cette société pulvérisée, ils se désagrégent et ne se soutiennent plus. Ce grand esprit de famille et de solidarité, qui jadis animait la noblesse, si empressée pour les siens, leur tendant la main dans toutes les fortunes, accueillant ses parents au degré le plus éloigné, offrant une large et simple hospitalité, a insensiblement disparu. Le luxe a chassé l'affabilité. On ne cousine plus comme dans le bon vieux temps. On n'aime à fréquenter que les alliés apportant profit ou éclat ; on redoute la contagion de la pauvreté ; et l'on encense le veau d'or.

Le faubourg Saint-Germain, cette acropole du patriciat, si exclusif dans ses admissions, considéré comme un chapitre d'Allemagne, une sorte d'*Almanach de Gotha*, abaisse ses barrières devant l'opulence. Ne se précipite-t-il pas chez Rothschild ? De grands noms de France, les descendants ou alliés des preux, qui plantèrent leurs pennons fleurdelisés sur les murailles de Jérusalem, sont pleins de prévenances devant ce roi des juifs par l'investiture des millions, paraissent aussi fiers de figurer dans les salons dorés de la rue Saint-Florentin ou de suivre les chasses splendides de Ferrières, que l'étaient leurs ancêtres d'avoir reconquis le Saint-Sépulcre Ce détail, d'apparence assez insignifiante, est symptomatique. Une classe est morte, quand elle abdique l'esprit qui a présidé à son berceau. Non, encore une fois, il n'y a plus de corps de noblesse en France, bien que son spectre effraye toujours le bourgeois jaloux et timide, comme longtemps après son trépas le Sarrasin tressaillait à l'évocation du roi Richard Cœur de Lion. Les gentilshommes d'aujourd'hui ne sont guère que les homonymes de leurs aïeux, n'ayant ni leur foi, ni leurs principes, ni leur rang. Insensiblement ils se sont transformés en gentlemen, ce qui n'est pas du tout la même chose. L'âme s'est éteinte, l'enveloppe seule est restée. On rencontre encore le gentleman, c'est-à-dire l'homme élégant dans l'aristocratie, et aussi dans la bourgeoisie, qui a fini par absorber la classe supérieure. Mais le vrai gentilhomme n'existe plus que dans l'histoire et l'imagination. Cette transmutation du noble en bourgeois explique la facilité avec laquelle beaucoup de légitimistes se sont trouvés, du jour au lendemain, convertis à l'orléanisme ou néo-légitimité. L'évolution s'était opérée à leur insu, par un travail latent.

Il faut confesser que la noblesse a concouru elle-même à sa déconsidération, en se livrant au dévergondage des qualifications nobiliaires de baron, vicomte, comte, marquis. Elles étaient rares autrefois. On n'a qu'à consulter la liste des maisons au moment des élections pour les états généraux, qui peut approximativement fixer sur la condition des familles avant 1789 et servir de base d'appréciation. Beaucoup de nobles de vieille extraction, même d'origine chevaleresque, n'étaient pas investis de titres. Aujourd'hui les titres pullulent, trop souvent sans aucun droit, par l'investiture fantaisiste du banneret improvisé. Cet abus, qui ne pourrait se produire impunément dans les contrées où l'aristocratie est vivante, comme en Angleterre, en Allemagne, prouve qu'il n'y a plus de corps de noblesse en France ; car une caste saurait maintenir la discipline dans ses rangs, se respecter et faire respecter, enfin ne pas tolérer des supercheries peu dignes, qui ont encouragé l'éclosion de la *noblesse spontanée*, laquelle achève son discrédit.

La sociabilité du caractère français, qui est une de ses qualités distinctives et attrayantes, a contribué d'abord au rapprochement des classes, qui est une bonne chose, ensuite, par la pente de sa nature portée au plaisir et abhorrant l'isolement, a entraîné la confusion, qui en est l'abus. Nulle part, et depuis longtemps, le goût de la société et des divertissements n'a mêlé les rangs dans l'habitude de la vie autant qu'en France, où l'amusement retient si grande part dans les relations sociales. Aussi la noblesse n'y était pas du tout une caste, c'est-à-dire un ordre fermé, mais simplement une classe, très ouverte, qui permettait le mouvement des ascensions utiles et légitimes.

Il ne reste plus que des noms nobles, rappelant une grandeur évanouie, des exploits guerriers, des souvenirs chevaleresques. Mais ces pures médailles du passé perdent chaque jour de leur crédit à cause des pièces fausses mises en circulation avec une effronterie d'autant plus grande que rien ne l'entrave, ni les lois, ni l'opinion de plus en plus désorientée. Jadis, pour ces sortes de scandales, il y avait un frein : le ridicule, qui tuait en France, dit-on; c'était vrai alors; les mœurs étaient plus franches et plus hautes. Le règne de la bourgeoisie a changé tout cela, et banni ce péril. En se vulgarisant, le ridicule s'est acclimaté, à l'exemple de certaines maladies, et, devenu endémique, a perdu sa virulence. Encore une conquête de 89 !

Une particularité piquante à noter en passant se dégage de l'emploi usuel des titres nobiliaires, qui ont cours encore dans le train ordinaire de la vie. A l'égard des anciens et des vrais nobles, le bourgeois s'en montre parcimonieux et récalcitrant. A moins d'être mû par une pensée intéressée, ou par une habitude invétérée, il s'en dispense volontiers, tandis qu'il l'octroie libéralement et avec une sorte d'empressement enjoué aux anoblis ou aux larrons de noblesse, à celle qui ne compte pas d'aïeux. Les premiers lui commandent respect et inspirent répulsion; les seconds lui sont moins antipathiques à cause de leur nature équivoque, ainsi que du discrédit qui rejaillit sur les nobles incontestés, enfin parce qu'il voit en eux des égaux, dont le rehaussement ne lui impose pas l'estime, le divertit au contraire, et lui reste après tout accessible. Le peuple, surtout celui des campagnes, conserve des notions plus justes. Il garde encore quelque déférence pour les descendants des vieilles races, à l'ombre desquelles ont vécu ses ancêtres, et traite les parvenus avec mince considération. Son bon sens natif l'incline à préférer la valeur de titre ancien à la fausse monnaie de fabrique récente.

La recrudescence des anoblissements octroyés ou spontanés a donné cours à la superstition de la particule *de*, regardée comme un signe certain et indispensable de noblesse. C'est une hérésie héraldique. Il y a des noms qu'elle précède, sans qu'ils soient nobles; de même, en plus grand nombre, il y en a de nobles chez qui elle manque; c'était fréquent au moyen âge; et l'absence de la particule n'est point exclusive de noblesse, pas plus que sa présence n'en est essentiellement attributive. Elle indique un fief, une terre, s'employant par forme elliptique pour dire un tel, seigneur de tel endroit. C'est pourquoi c'est une étrange aberration de mettre un *de* devant un nom patronymique bourgeois, ne correspondant pas à un domaine, alors même qu'il est anobli. Dans ce cas, la préposition *de* se trouve appliquée à un nominatif au lieu d'un génitif, ce qui est un vrai solécisme. Mais combien ne s'en commet-il pas!

En dernière analyse, il n'y aura bientôt plus en France de classe dirigeante dans la véritable acception du mot. Par un effet du choc en retour, en renversant à son profit le patriciat, la bourgeoisie a compromis les digues qui la sauvegardaient elle-même. Car autrefois elle était compacte, homogène, bien délimitée, ayant son importance et ses vertus spécifiques. Maintenant elle n'est qu'une cohue, sans traditions, sans limites, ni cohésion, ouverte de tous côtés, envahie par ce qui a de la poigne et de l'audace. A force de se déplacer, la ligne de démarcation devient insaisissable. Il n'y a plus d'indice d'origine, de profession, d'état social. Le vêtement ne révèle plus rien. Les mêmes costumes sont portés par tout le monde, non certes à cause de leur beauté, mais à cause de leur parité. Les mêmes modes sont adoptées à tous les degrés, à l'exception du pur habitant des campagnes, qui s'y achemine petit à petit. Chaque jour les fracs se raccourcissent et les vestes s'allongent, à la grande joie du prolétariat, qui, pareil à une trombe, gagne du terrain. L'habit noir et la cravate blanche sont devenus la tenue officielle d'une société égalitaire, en même temps que la livrée de la domesticité : car, par une étrange fantaisie d'égalitarisme inconscient, les maîtres de ce temps-ci ont trouvé agréable de revêtir leurs laquais de leur propre habillement. La règle du niveau s'est étendue sur toutes les conditions, et tend à jeter indistinctement tous les Français dans un moule identique, qui, par parenthèse, ne brille pas par l'élégance.

Les effets directs de la démocratie sont dans les signes extérieures l'uniformité, qui n'est que la parodie de l'unité, et dans les idées la confusion, qui est l'anarchie mentale. Tout s'entremêle ; toutes les distances se rapprochent, ce qui occasionne des heurts inévitables, partant un gâchis général. Nul ne reste dans sa sphère ; chacun au contraire affecte d'en sortir : Le financier se grime en gentilhomme, le gentilhomme se métamorphose en industriel ; le magistrat joue à la Bourse ; le commerçant s'occupe de législation ; l'ouvrier est affamé de politique; le journaliste tient boutique d'annonces ; le marchand fait du journalisme ; le médecin, l'avocat, l'homme de lettres encombrent les Chambres ; et les représentants se mêlent de tout. Les dames du monde copient les cocottes, et les cocottes visent au mariage.

L'extravagance des jours actuels s'en prend à la condition elle-même des femmes. Des utopistes rêvent pour elle une assimilation contre nature à celle de l'homme, en lui attribuant, sous le voile trompeur d'une émancipation aussi chimérique que ridicule, les devoirs politiques du citoyen, qui, par abus, sont appelés des droits. C'est du délire ! Il n'appartient qu'à des maniaques de mettre au jour ces sottes élucubrations, qui convoquent les femmes aux urnes électorales, comme si déjà il n'y avait pas assez de votants, les poussent aux emplois publics encombrés outre mesure, aux carrières libérales bondées d'aspirants. Il ne manque plus que de leur ménager une place dans l'armée. Ces folles revendications, présentées au nom du sexe enchanteur par des mandataires du reste non autorisés, n'offrent qu'un médiocre danger, car elles tombent sous le poids de leur ineptie. Mais on agite subsidiairement des questions malsaines, susceptibles de jeter dans des cerveaux surexcités des semences de déraison et des germes de souffrance nerveuse. Et puis derrière les absurdités se cache une tentative perfidement préméditée, dans le but de modifier, non l'état social de la femme — c'est impossible — mais sa fonction domestique, de lui inspirer le dégoût du foyer, l'idée de renoncer aux habitudes qui constituent sa mission, sa dignité, son charme, surtout de la détourner de la religion, vers laquelle l'incline par vocation innée l'exquise délicatesse de sa nature morale. Comme il y a cent ans aux hommes, on lui prêche l'insurrection réputée le plus saint des devoirs, en lui tendant fallacieusenant la planche du divorce, « ce sacrement de l'adultère ». Dieu lui épargne une émancipation, qu'elle payerait de larmes amères ! Croit-on faire beaucoup pour elle en lui bâtissant des lycées, comme pour les garçons? Il faut espérer que le bon sens fera justice de ces invites extravagantes, corollaires extrêmes de la doctrine égalitaire.

C'est bien là qu'éclate son insanité et qu'il est aisé de toucher du doigt l'incohérence de l'égalité radicale, qui n'est qu'un leurre et manque perpétuellement son but, en produisant la destruction, non de l'inégalité qui est inhérente à tout ce qui existe ici-bas, mais de l'harmonie, cette loi primordiale d'un ensemble bien établi, tant dans l'ordre physique que moral. Elle disparaîtrait infailliblement le jour, où, par une hypothèse irréalisable, la femme, cesserait d'être la compagne de l'homme pour devenir, sous le nom de son égal, son concurrent. Hélas ! de l'égalité proclamée, là comme ailleurs, naîtrait l'antagonisme, au lieu de l'état plus doux que lui attribue la symétrie providentielle. Laissons-la donc au foyer domestique pour en être, jeune fille, la joie et le sourire, épouse, la consolation et la parure, mère, le soutien et le modèle.

La famille n'a déjà que trop souffert des théories radicales, qui sèment l'esprit d'insubordination, affaiblissent le respect et gênent la conscience de son chef dans l'exercice de sa plus délicate fonction, celle d'élever ses enfants conformément à ses croyances. Par une inconséquence inouïe dans un siècle, qui fait étalage des *droits de l'homme*, il est exproprié de la plus précieuse des libertés, celle de l'enseignement, ce qui est une atteinte flagrante à la liberté de conscience. Cette mainmise sur les âmes est le don de joyeux avènement de la liberté et de l'égalité, double mirage qui égare les hommes dans le chemin des révolutions. Combien plus sensée était la réponse de ce batelier du lac de Genève au duc de Lévis : « La liberté est dans ma bourse, et l'égalité au cimetière (1) ».

D'autres conséquences dérivent virtuellement du triomphe de la démocratie. L'esprit, qui s'en dégage, fomente le scepticisme, l'égoïsme, le cosmopolitisme, et par-dessus tout l'amour immodéré du bien-être. En jetant un coup d'œil sur la marche des événements, il n'est que trop facile de s'en convaincre. La guerre au christianisme, particulièrement à l'Église catholique, a pris un caractère

(1) *Souvenirs et Portraits*, par le duc de Lévis.

d'acuité rare, se traduisant par l'expulsion des congrégations religieuses, la fermeture des chapelles à main armée, la suppression des aumôneries, l'exclusion des curés pour la formation des bureaux de bienfaisance, la difficulté du recrutement ecclésiastique par suite des lois militaires, la suspension des traitements du clergé, qui constituent cependant une dette nationale, aussi sacrée que la rente. Cet ensemble de vexations graduelles et continues dénote un système préconçu de persécution, qui ne tend à rien moins qu'à déchristianiser le pays. On veut chasser le prêtre et Dieu même de la société. On biffe de l'enseignement les devoirs envers lui; on refuse de l'invoquer pour bénir les travaux du Parlement, qui aurait bien besoin de recevoir des lumières d'en haut, mais qui préfère puiser en bas ses inspirations. Des auteurs, des académiciens même, s'abaissent jusqu'à rayer son nom des livres mis entre les mains de la jeunesse; enfin, pour complaire à quelques bousingots, juifs ou francs-maçons, l'image de la divinité disparaît des écoles, bientôt peut-être des tribunaux.

Après le mariage civil, voilà qu'arrive le baptême civil. Si le premier n'est qu'une négation de la religion, le second est un outrage sacrilège en même temps qu'un défi à la décence et au bon sens. Quel répugnant spectacle présentent ces détraqués se permettant le simulacre dérisoire d'un sacrement auquel ils ne croient pas, et qui est le fond des croyances de l'immense majorité? Que dire aussi de cette majorité tellement avachie et déséquilibrée, qu'elle ne sait plus imposer le respect de son culte?

Avec le scepticisme qui éteint la foi, et conséquemment la vertu du dévouement et du sacrifice, le patriotisme s'émousse naturellement. Les meilleurs chrétiens font les meilleurs soldats, disait Gustave-Adolphe, qui s'y connaissait. La propagande révolutionnaire a donné naissance à un esprit cosmopolite, très dangereux pour l'avenir d'une nation. Car le cosmopolitisme énerve et finit par oblitérer l'amour de la patrie, qui s'efface graduellement devant un formulaire vague de fraternité des peuples, qui n'est plus autre chose que la négation des lois positives et de l'individualisme national. L'homme, qui en définitive n'a que des facultés bornées, ne remplit bien que les devoirs étroitement limités. Plus la patrie est restreinte, mieux elle est servie. Reculer la limite des devoirs, c'est les affaiblir. En affectant une extension démesurée, ils deviennent comme ces feuilles de métal qui, à force de s'étendre, s'amincissent au point de n'offrir plus ni consistance ni résistance.

La cité n'a que peu à attendre des citoyens de l'univers, de même que la famille n'a pas toujours à se louer de posséder des philanthropes. Les uns et les autres semblent parfois professer un culte, le plus souvent platonique du reste, pour des entités abstraites, par exemple la fraternité des peuples, l'humanité prise dans son ensemble, pour s'accorder dispense des obligations de nature stricte et concrète dans la sphère déterminée de leur patrie particulière ou de leur famille privée. Tel fut J.-J. Rousseau, ce grand prôneur des théories humanitaires, zélateur fanatique des soins dus à l'enfance, qui déserte son pays, une république pourtant, déshonore une pauvre fille en l'accusant d'un vol de ruban commis par lui-même, et n'hésite pas à se débarrasser de sa propre progéniture, en la mettant *aux enfants-trouvés*. Le philanthrope classique Montyon, d'académique mémoire, n'était ni tendre, ni dévoué, ni généreux pour les siens. Ne convient-il pas de se tenir en garde contre tous ces pharisiens cosmopolites ou humanitaires, qui préfèrent se vouer à des vertus d'apparat plutôt que de se consacrer aux vertus modestes et positives, qui constituent le bon citoyen et le bon père de famille? Au fond, le cosmopolitisme est une plaie sociale, qui tend à se propager de nos jours. Le soi-disant civisme cosmopolite, comme ces mixtures trop additionnées, se réduit à une dilution infinitésimale. Il est en outre dépourvu de la plus utile garantie des œuvres humaines, la responsabilité, et la responsabilité disparaît dans l'impersonnalité. La responsabilité personnelle est la meilleure des sanctions. Son absence est peut-être une des plus graves objections à soulever contre la forme républicaine. Enfin le cosmopolitisme est exposé à verser dans l'internationalisme, cette monstrueuse apostasie des liens du pays natal.

C'est ainsi que, tous les freins étant regardés comme odieux dans l'ordre politique, moral et économique, le faisceau des barrières nécessaires se trouve rompu. On s'acharne à les renverser toutes au nom de faux principes et d'audacieux paralogismes. Pour molester la religion on invoque la liberté de conscience qui, au contraire, devrait lui servir d'appui. N'y a-t-il pas dans les mots bien de l'hypocrisie? Par exemple, la libre-pensée, dans ses effets vis-à-vis des étrangers à la secte, est plus négative qu'affirmative de libre arbitre ; car les libre-penseurs n'admettent guère que la liberté de penser comme eux. Sous couleur de liberté du travail, d'honnêtes d'ouvriers sont monstrueusement spoliés du droit de gagner leur vie durant ces grèves fomentées criminellement par des meneurs exotiques, qui s'en servent comme d'un tremplin politique. En torturant ainsi les mots, on arrivera peut-être quelque jour à demander la suppression des gendarmes, en invoquant la liberté individuelle, entendue à la façon des malandrins.

L'inquiétude universelle, qui mine la société, a donné naissance à une maladie nouvelle et à un mot nouveau pour la désigner; car un phénomène anormal amène forcément un vocable inédit. L'acclimatation de cet état d'agitation générale, inquiète, morbide, a produit le mal étrange, qui travaille la génération actuelle, et qui s'appelle le nervosisme. Elle est le résultat de cette soif inextinguible du bien-être, qui fait d'effrayants progrès et dessèche la semence de toutes les passions élevées, de tous les nobles sentiments. Dès que la richesse est devenue la religion d'un siècle matérialiste ou athée, qui ne s'intrigue que pour l'argent, que l'égoïsme s'est emparé des âmes, il n'y a plus d'aspirations que pour le bien-être. Il faut se le procurer à tout prix, par n'importe quels moyens.

XI

Nul doute que l'époque présente ne réalise un accroissement de bien-être positif, que les besoins matériels ne soient plus largement satisfaits, et qu'une plus grande somme de confort ne soit répandue dans la population. C'est l'effet du progrès des sciences physiques qui, par sa nature, est indéfini, parce que « les inventions des hommes vont en avançant de siècle en siècle », comme dit Pascal, tandis que le progrès moral est essentiellement limité à des principes invariables. Mais c'est une question de savoir si, en définitive, on est plus heureux, attendu que les exigences se sont multipliées, que les appétits sont plus développés, les convoitises plus ardentes, et que ce qui est acquis en jouissances matérielles est compromis par l'obsession de toujours améliorer sa condition. On perd moralement, et peut-être au delà, ce que l'on gagne physiquement. Quelques privations matérielles ont disparu pour faire place à un malaise moral d'une intensité toujours croissante. En outre, pour que l'amélioration fût incontestable, il faudrait que l'existence fût devenue plus facile; elle est au contraire rendue plus malaisée par le renchérissement de toutes choses, de sorte que le progrès ne profite guère qu'aux riches. La vie à bon marché n'existe plus et la lutte pour subsister est plus âpre que jamais.

D'autre part la sensibilité, s'étant affinée proportionnellement aux satisfactions obtenues, donne plus de prises à la souffrance et rend l'homme plus difficile, plus chagrin, plus ambitieux, plus mécontent. En résumé, s'il est douteux que l'individu soit plus heureux, il est indubitable que la société est plus malade, malgré les progrès merveilleux de l'industrie, des arts mécaniques et des sciences exactes. Quoi qu'il en soit, cet ensemble d'inventions et de perfectionnements chaque jour progressant constitue une civilisation très avancée incontestablement, mais d'essence absolument matérielle, dès lors imparfaite et défectible. Chateaubriand, avec son génie prophétique, a eu la vision de cet écueil, qu'il signale, dans ses magnifiques *Mémoires d'outre-tombe*, par cette phrase, qui ne saurait être trop méditée : « La civilisation est montée au plus haut point, mais civilisation matérielle, inféconde, qui ne peut rien produire ; car on ne saurait donner la vie que par la morale ; on n'arrive à la création des peuples que par les routes du ciel : les chemins de fer conduiront avec plus de rapidité à l'abîme. »

Cette prospérité, ne concordant pas avec le progrès dans l'ordre moral, accélère la fièvre de l'or, qui est un des signes du temps présent. Toutes les aspirations convergent vers ces deux points : l'argent et le plaisir. Tant il est vrai que les mœurs du jour sont faites à l'image des ploutocrates, dont ce double mobile forme la véritable devise. On veut acquérir vite, afin de jouir immédiatement, non plus en vue de fonder, comme autrefois. L'esprit de famille s'en trouve nécessairement diminué. Comment pourrait-il en être autrement dans une société qui a brisé tout lien traditionnel, qui ne voit rien de sacré dans le passé? Loin de lui emprunter une consécration, elle proclame que ce qui provient de son patrimoine ne l'oblige nullement, qu'il n'y a de bien et de vrai que ce qui s'élabore aujourd'hui, qu'une institution ne puise pas sa force dans son ancienneté; qu'au contraire le titre le plus récent est le meilleur, de telle façon qu'à chaque génération tout est remis en question, et que les plus redoutables problèmes restent perpétuellement à l'ordre du jour.

Le respect s'en va, et, pour comble d'infortune, le respectable aussi; la foi s'éteint; l'espérance elle-même s'obscurcit dans un peuple, qui ne liant pas le présent au passé doit par là même douter de l'avenir. Il n'y a rien de plus terne et de plus stérile qu'une ambition viagère, qui restreint le cœur et borne ses élans à la satisfaction personnelle et immédiate. On peut s'amuser dans un pareil monde. Mais peut-on y être heureux, étant donné que le bonheur a pour base première la conscience du devoir accompli? Pourquoi s'étonner ensuite de l'abaissement du sens moral, du relâchement des liens de famille, des tendances irrévérencieuses de la jeunesse? Bien souvent les parents n'ont que les enfants qu'ils méritent, et les maîtres les domestiques dont ils sont dignes. On ne prise plus les hommes et les choses pour leur valeur intrinsèque, mais pour l'avantage et l'agrément qu'on en retire ; on n'estime que ce qui se chiffre par un émolument ; ce qui amène une perturbation générale dans la manière d'apprécier. Un bon mariage est celui qui correspond à une grosse dot. La meilleure place est celle qui rapporte le plus d'argent.

Les plus grands égards sont réservés à l'homme le plus riche, quelle que soit la source de son opulence. Ce n'est plus le temps, où madame Cornuel répondait à cette question : qu'est-ce que l'opulence? « C'est l'avantage qu'un maraud peut avoir sur un honnête homme ». Certes la richesse est une force sociale utile, nécessaire, méritant d'être encouragée, pourvu qu'elle ne prenne pas le premier rang. Mais il est bon qu'il y ait dans la société quelque chose de plus précieux que l'or. Or c'était là précisément l'un des principaux bienfaits de la noblesse, La mieux rétribuée des professions est celle des artistes, chanteurs et comédiens. C'est tout simple : le plaisir étant le but de la vie, ceux qui le procurent perçoivent proportionnellement. Un pareil cadre est sans doute fort commode pour vivre joyeusement ; on dort mollement sur cette couche de sybarite ; mais c'est fatalement un lit de mort.

Le culte de l'or et du bien-être a porté atteinte à deux qualités distinctives du caractère français ; la vocation guerrière et la gaieté. La France nouvelle aime toujours l'appareil militaire, raffole du panache, adore de jouer au soldat, s'amuse à se parer de ses insignes. Elle trouve même beau de faire étalage de ses défaites, comme jadis on faisait les victoires, et de tirer d'une campagne désastreuse une plus ample récolte de décorations, que n'en produisit jamais la plus glorieuse période de l'empire, comme si les croix ne devraient pas être en proportion directe des lauriers. Ce juste rapport est tombé en désuétude ; et l'Europe a vu ce singulier spectacle d'une foule armée, spéculant sur des jours de deuil pour puiser à pleines mains des distinctions, qui servent encore d'ornement, mais qui ne rappellent que des souvenirs d'humiliation. Du reste, si la France démocratique, qui a le talent de piaffer sur les revers, se singularise par cette curée inouïe d'insignes honorifiques dans l'*Année terrible*, il est permis de poser cette question : s'il n'appartenait pas à elle seule, en raison de sa structure sociale, d'être si vite et si complètement vaincue. Un juge compétent, Napoléon Ier y a déjà répondu, lorsque, dans le *Mémorial de Sainte-Hélène*, il remarque que l'Autriche dut quatre fois son salut, en dépit de son écrasement sur les champs de bataille, à l'inébranlable fermeté de son gouvernement aristocratique, puis lorsqu'en 1815, après Waterloo, il s'écrie que c'était chimère de soutenir une guerre d'invasion dans un pays où la révolution avait détruit la noblesse et le clergé, qui ont été également le bouclier de l'Espagne.

Comme il arrive d'ordinaire, un fait mal étudié a entretenu l'illusion sur la force de résistance d'une démocratie en armes ; l'erreur vient de ce qui se passa sous la première république. Certes l'élan fut beau. Les faits militaires, qui se déroulent aux frontières, attestent un ardent patriotisme et restent de grandes pages do notre histoire, qui consolent des horreurs commises à l'intérieur; mais il ne faut pas s'y tromper : Le succès a tenu surtout à la mollesse et à l'incohérence de l'attaque. Mettez Moltke à la place de Brunswick, et l'armée prussienne était à Paris avant l'ouverture de l'année 1793. Quoi qu'il en soit de ce point d'histoire, la guerre exige de mâles vertus, le dédain du bien-être, des aises de la vie, de l'argent, en même temps que la discipline et les saintes croyances. Tout cela n'est guère de saison, et a fait place à la prépondérance de l'intérêt, fort enclin à négocier et à capituler. L'esprit d'égoïsme affaiblit forcément l'esprit guerrier, et l'esprit de calcul, qui en dérive, chasse la gaieté; insensiblement celle-ci se voile et s'éteint.

La physionomie des campagnes, autrefois si animées aux jours de fêtes locales, ne respire plus cette allégresse expansive et bruyante; on dépense plus, mais on est moins joyeux, moins affable et moins poli. Le campagnard a perdu sa bonhomie et sa jovialité; il a trop voté, trop lu de journaux, trop fait de politique. Du reste, la jeunesse blasée et sybarite d'aujourd'hui n'est plus gaie et perd son frais sourire pour affecter une gravité précoce, très compatible néanmoins avec de sérieuses sottises. A peine *au saillir de l'enfance*, comme disait Commines, le jeune homme ne rêve qu'une molle et luxueuse existence, dans le choix d'une carrière recherche surtout l'émolument, et, s'affranchissant de toute gêne, s'écarte peu à peu de cette politesse exquise, qui était un des fleurons de la France, et qui gît désormais parmi les défroques du passé! De bonne heure, le souci de l'intérêt l'absorbe ; et cette passion se développant avec l'âge finit par devenir l'unique mobile de toutes les actions. Or qu'attendre de grand, de généreux et de durable de l'obsession des intérêts, qui sont foncièrement mesquins, cupides et variables?

Sous l'étreinte de préoccupations positives, l'âme contracte des goûts vulgaires, se replie dans une personnalité étroite et répudie les aspirations spiritualistes. Plus de poésie! Plus d'idéal! L'art s'éloigne des régions éthérées, verse dans le réalisme et tombe dans le naturalisme. Un genre, inconnu dans le journalisme antérieur, se développe avec succès; c'est la presse pornographique, très lue, très courue. La source du beau se trouble et se tarit, en même temps que celle du vrai. A des générations plongées dans la matière il ne faut qu'une philosophie d'abord sensualiste ensuite positiviste, des institutions sceptiques puis athées, une littérature réaliste et naturaliste, un théâtre grivois ou à thèses troublantes, enfin l'opérette juive, qui bafoue les sentiments élevés avec une préméditation de malice dissolvante, qui n'a d'égale que la sottise des spectateurs contemporains, aussi mal avisés que l'étaient les étourdis de la cour applaudissant les railleries de Figaro. Tout s'enchaîne dans la vie d'un peuple. Les travers de l'esprit ont leur répercussion dans les faits de l'histoire.

On n'aspire qu'à l'argent ; dès lors on ne s'attache qu'à ce qui peut le procurer, et l'on n'estime que ceux qui ont l'habileté de se nantir. Certes bien mener ses affaires est un art appréciable ; c'est un talent non à dédaigner, même un vrai mérite, si les moyens sont honnêtes ; le travail doit avoir sa récompense et sa réussite est digne d'éloges. Mais il ne faut rien exagérer non plus. Dans la sphère des intérêts positifs, effectivement, on se trouve mieux parfois de négliger ou de perdre quelques qualités que d'en accroître la ferveur et le nombre. Car l'expérience, si féconde en leçons humiliantes, nous convainc qu'en ce bas monde les vices souvent profitent plus que les vertus ; ce qui prouve bien que la destinée de l'homme n'est pas toute bornée à cette terre, qu'il y a un au-delà meilleur. En général le monde actuel n'a d'égards que pour les lutteurs adroits dans la bataille de la vie, qui sont pourvus d'or. Quiconque est infecté de pauvreté voit le vide se faire autour de lui; c'est le lépreux moderne. Un mordant humoriste, Stendhal, professe qu'au-dessous de dix mille livres de rente il y a impertinence à prétendre compter des amis. Réduite à ses vraies proportions, sa boutade porte plus juste qu'on ne croit. Qui d'aventure a éprouvé la perte de son porte-monnaie a tout perdu. Vous pouvez, sans désespérer, perdre tout le reste ; car il y a pour toutes les avaries des accommodements et même des raccommodements, mais gardez soigneusement votre porte-monnaie, si vous tenez à ne pas expérimenter l'apophtegme de Rabelais : « Faute d'argent, c'est douleur sans pareille » ! En résumé cette soif de l'or a desséché les âmes. Tout se rapetisse. Les grandes passions ne sont plus de mise, et les hautes ambitions même se raréfient.

Ce nouveau monde privé de l'élément aristocratique, qui seul maintient les traditions et le bon ton, est bien curieux à observer. C'est une agglomération bizarre, composite, improvisée de gens qui ne se connaissent pas, ou d'hier seulement, qui ont chance de ne pas se retrouver demain. Aussi n'y cause-t-on pas. Cet art de la conversation polie, courante, élégante, un des plus étincelants joyaux de l'esprit français, qui en était un des côtés les plus séduisants, a complètement disparu. C'était un charme alors d'entrer dans un salon bien composé, où les hommes et les femmes rivalisaient de grâce, échangeaient des dialogues pétillants d'à-propos, de finesse, de sens et d'atticisme, où l'on savait s'apprécier et se faire valoir mutuellement. La ville reflétait la cour; et chaque localité de quelque importance avait un ou plusieurs centres de société choisie. Aujourd'hui il n'y a plus de salon dans la véritable acception du mot, si ce n'est sous la plume complaisante des feuilles boulevardières. L'espèce des maîtres et surtout des maîtresses de maison est éteinte. L'art de se présenter, de saluer, de converser, d'écouter surtout, est totalement oublié. Les vieillards d'aujourd'hui ont pu dans leur jeunesse voir quelques-uns des derniers représentants de l'ancienne société s'éteindre tristement au milieu de générations, qui s'éloignaient de leurs traces. Ces spécimens mondains remettaient en mémoire l'observation de madame de Motteville, disant que les restes de Bassompierre valaient encore mieux que la jeunesse venue après lui.

Les hommes d'aujourd'hui consacrent au cercle la plus grande partie de leur existence oisive, ont perpétuellement l'air affairé, s'ennuient auprès des femmes, peut-être parce qu'ils s'y sentent gênés ou dépaysés. Les femmes passent assez maussadement leur vie à s'étourdir par des courses multipliées dans les magasins, par la toilette, le spectacle, le divertissement de ces cohues, qu'on continue à appeler le monde, mais qui ne sont qu'une parodie de ce qui jadis portait ce nom. Le mot survit à la chose. Le monde actuel, qui rachète la qualité par la quantité, se distingue par la mise en scène, un continuel et banal scintillement de l'or et de tout ce qui est éclatant. Il ne lui déplaît pas d'étaler les sommes qu'il dépense, de remplir les journaux du bruit de ses fêtes, de la splendeur de son mobilier, du prix qu'il coûte, de sa provenance. Un étrange prurit de réclame l'a envahi; car il est impossible qu'il n'y ait complicité tacitement combinée entre les maîtres de maison et les reporters, qui publient à cor et à cri les merveilles de leur ameublement et les pompes qui se déroulent dans leur hôtel minutieusement inventorié. Un commissaire-priseur ne serait pas plus exact dans son inventaire. Tout est énuméré, non seulement la liste des invités, mais les toilettes, qui sont soigneusement décrites, et, s'il s'agit d'une noce, les cadeaux de la corbeille avec les noms des donateurs et des fabricants ; dans ce cas la réclame fait coup double. Ces exhibitions tapageuses et ces débauches d'indiscrétions ont quelque chose de tellement déplacé et presque répugnant, qu'on a peine à comprendre que des gens bien élevés descendent à ce cabotinage, qui est un des stigmates les plus accentués de ce temps-ci. Y a-t-il donc tant de jubilation à apercevoir son nom imprimé en toutes lettres dans les journaux ? Ceux-ci s'y prêtent naturellement et mobilisent les plus alertes de leur escadron volant sous la désignation de *reporters*, encore un vocable de récente circulation, répondant à un travers contemporain. La réclame et le cabotinage passent tellement dans les habitudes de cette époque enfiévrée et déraillée, qu'elle gagne tout le monde, littérateurs, artistes, savants, hommes publics, hommes privés, jusqu'aux personnages les plus augustes. Si elle n'était lamentable comme diagnostic, cette manie de parade serait bien réjouissante.

Dans cette société mobile, factice, disparate, dans ces salons mieux meublés que composés, tenus souvent par des amphitryons improvisés, des banquiers exotiques venus des quatre points cardinaux, enrichis par un tour rapide de la roue de la Fortune, il y a foule, car l'accès est facile ; avec quelque argent on pénètre d'emblée dans cet îlot, qui n'est point escarpé et présente de larges bords, où tous les passagers sont accueillis avec la même banalité. On se coudoie sans se connaître, on étouffe sans s'amuser. L'exhibition remplace la conversation. La grande attraction provient des artistes qu'on peut y grouper, des gens en places ou des étrangers à renom qu'on y attire. C'est une représentation curieuse, si l'on veut, mais un salon nullement. Les nouvelles couches mondaines n'en peuvent créer avec de l'or; la démocratie a tué sans retour l'esprit de société, qui jetait sur la France un si vif éclat.

Les étrangers affluent à Paris pour s'y divertir, comme à leur casino de prédilection, s'y plonger dans les plaisirs de cette vie à outrance, dont la *ville-lumière* est bien la métropole, mais plus maintenant pour y puiser le goût et les manières de la bonne compagnie. Le demi-monde y éclipse le soi-disant monde; celui-là, qui ne demande que de l'argent, nage dans son élément, et a gagné ce que celui-ci a perdu. Les opulents de la haute finance lui prodiguent leur métal et en font leurs délices. C'est auprès de ces divinités légères, que le caprice tire parfois de la fange et qui surtout émergent de l'océan de la boue parisienne, que s'engloutissent leurs millions; car le réalisme social a introduit l'empire des cocottes, qui suffisent à la galanterie fin de siècle. Les ploutocrates sont devenus des Lauzun au mois qui, en sortant de la Bourse, vont le cigare au bec rendre hommage à des filles de marbre, dont la plupart ne possèdent qu'un tiers, un quart, absolument comme dans une charge d'agent de change. Tout s'est amoindri, abaissé, même l'amour, même la passion, même le vice, et, sous l'influence du bourgeoisisme, a contracté un air de comptoir. On reçoit pour rehausser son crédit et lancer une affaire. On va dans le monde pour attraper des nouvelles et spéculer dessus. On a des chevaux, qu'on monte mal ou pas du tout, non par amour de l'équitation également fort en déclin, mais pour gagner de l'argent ; les courses ne sont plus un sport récréatif, mais un tripot établi autour d'une piste, et font un pendant à la Bourse.

A ces traits, qui pourrait reconnaître la physionomie si séduisante de l'ancienne société française, qui donnait le ton à l'Europe, lorsqu'elle avait une élite pour modèle et une hiérarchie pour sauvegarde? Toute société, qui veut vivre, doit avoir une haute, une moyenne et une basse classe. Le malheur est qu'en France la haute classe a été expropriée par la moyenne, qu'à son tour celle-ci est battue en brèche par les couches inférieures, ce redoutable *quatrième état*, qui prétend aussi former un *tout* complet, et qui s'évertue à effacer toute ligne de démarcation. Les gens de ce *quatrième état* réussissent si bien dans ce travail d'effacement, que le nom, généralement prédestiné à survivre à l'objet, cette fois a été accaparé d'avance. Ainsi tout le monde, même dans le bas peuple, les campagnes pareillement à l'imitation des villes, s'appelle *monsieur* et *madame*. C'est le signe palpable du pêle-mêle. Dans les révolutions précédentes, les insurgés imposaient le nom de *citoyen*. Maintenant, plus avisés, ils se nantissent de la qualification, qui les offusquait. Le meilleur moyen de se guérir de l'envie, n'est-il pas de s'emparer de l'objet convoité ?

L'observateur, qui s'est éloigné quelque temps de Paris, a peine, au bout de peu d'années, à retrouver le monde avec lequel il frayait. Dans ce tourbillon humain, tout change en un clin d'œil, comme les tableaux d'une féerie. Maintes fois le reflux de la fortune a dans l'intervalle emporté ceux que son flux avait amenés à la surface. Il revoit au premier rang des gens, qu'il avait laissés dans les plus modestes conditions. De petits remisiers, qui l'obsédaient le carnet à la main et le crayon à l'oreille, sont transformés en fringant agents de change ou en riches banquiers. Des courtiers marrons, sans sou ni maille, qu'il avait aperçus au Caire ou à Constantinople, sont métamorphosés en nababs, ayant loge à l'Opéra, villa dans la banlieue, grand train, piaffant, éclaboussant les honnêtes gens de leur luxe conquis tout bonnement par ce trafic, qu'on reproche aux cuisinières sous le dicton vulgaire de faire danser l'anse du panier. D'industrieux maçons, ayant des accointances dans les grandes compagnies, font figure sous la dénomination d'entrepreneurs, catégorie qui, dans notre ère pacifique, a remplacé celle des munitionnaires des périodes belliqueuses. J'en passe et des meilleurs. Rien ne déconcerte plus la conscience humaine que ces brusques changements à vue, ces fortunes colossales, où le temps n'a pas mis son sceau, et que très souvent il ne respecte pas. Généralement il n'y a de respectable et de solide que ce qui s'est fondé lentement et régulièrement. Telles étaient les fortunes d'autrefois, celles du commerce entre autres, qui étaient le fruit du labeur de plusieurs générations.

Aujourd'hui tout cela est changé. On veut arriver d'emblée à l'opulence, pour jouir immédiatement, sans trop se soucier de l'avenir. Les fortunes actuelles se forment vite, comme les torrents par le temps d'orage, et s'écoulent de même. Leurs détenteurs obéissent à deux courants contraires : l'âpreté au gain d'une part, le penchant à la dépense de l'autre ; de sorte que l'état des familles a tout au plus un caractère viager, et souvent même n'attend pas pour crouler la limite de la vie humaine.

XII

Un autre signe particulier à la démocratie est de ne vouloir rien faire sans salaire. Autrefois les places avaient d'autant plus de lustre, qu'elles ne rapportaient que l'honneur de les remplir. Parlant de sa mairie de Bordeaux, Michel de Montaigne disait : « que cette charge est d'autant plus belle qu'elle n'a ni loyer, ni gain, autre que l'honneur de son exécution ». Voilà les idées qui avaient cours sous l'ancien régime, où les grands emplois étaient occupés gratuitement, attendu qu'une aristocratie privilégiée contracte en retour de ses prérogatives honorifiques une dette envers l'État; elle rend des services gratuits, qui sont compensés par des honneurs. La démocratie, au contraire, demande sa récompense en argent comptant; pour elle il n'y a que cela de précieux. Les qualités extraordinaires disparaissent. Tout s'évalue au poids de l'or. Les emplois grossissent comme personnel et comme rétributions; les budgets ne cessent de s'enfler.

Il n'y a rien de plus dispendieux que les gouvernements démocratiques, qui créent le salariat politique et remplacent le rouage gratuit ou peu rémunéré des corps aristocratiques par une innombrable et coûteuse bureaucratie, dont les exigences électorales et le besoin de se ménager des créatures augmentent indéfiniment les cadres. Toutes les fonctions doivent y être rétribuées, à commencer par celles de sénateurs et députés. Les maires, les membres des conseils généraux, d'arrondissement, ou municipaux, aspirent également à toucher un traitement, trouvant insuffisant l'honneur de leurs mandats, qui n'apparaissent plus que comme les marchepieds de la fortune. Les conseillers municipaux de Paris n'attendent même pas qu'une loi le leur accorde: ils se l'allouent de leur propre autorité, sous l'euphémisme d'indemnité, ce qui est une flagrante concussion, que subissent, sans broncher, le gouvernement et la cour des comptes. C'est le comble de cette plaie du salariat politique, parfois avant-coureur de la vénalité, particulier aux démocraties, et qui s'est développé comme un fruit véreux de la révolution. Il n'y a que des Chambres démocratiques capables de s'arroger le privilège vraiment dégradant de circuler en chemin de fer gratuitement, c'est-à-dire aux frais de tous. Une carte de circulation gratuite de la capitale au département représenté serait seule admissible. La dignité parlementaire gagnerait à l'extinction de ce privilège spécial à la France actuelle; l'organisation des grèves seule pourrait y perdre. Tant il est vrai que le régime démocratique se réduit à une exploitation de politiciens, et que le spectacle de ce qui se passe suggère cette réflexion : qu'en général ceux qui n'aspirent qu'à être bien gouvernés inclinent à la monarchie, tandis que les républicains sont ceux qui tiennent à gouverner.

Mais un personnel gouvernemental, asservi au culte des intérêts, est impuissant à défendre une société, parce que les intérêts sont lâches, transigent et capitulent perpétuellement. D'où vient la myopie politique de la bourgeoisie, uniquement absorbée dans ses affaires et son bien-être, ne sachant discerner nettement que ce qui rapporte. Aussi à travers toutes les transformations constitutionnelles, si nombreuses dans ce siècle, qui n'a que la fécondité des avortements, la voit-on coopérer à tous les changements, se laissant constamment surprendre, et réagissant trop tard. Il n'y a que les classes désintéressées, viriles, ayant la foi, qui soient capables de combattre pour leur drapeau. Les conservateurs actuels se croient très habiles en se ralliant sans cesse à des faits accomplis, sous prétexte de dévouement au pays, formule commode de l'égoïsme. Ces palinodies sont devenues si fréquentes, qu'elles ont cessé de scandaliser. La fidélité, qui jadis n'était qu'un devoir, est maintenant une vertu d'exception, exposée à la raillerie comme une duperie. La fragilité de tous les essais politiques, entrepris depuis un siècle, ne provient-elle pas de ce que la classe préposée à la direction du pays manquait à la fois de principes et de prestige? Le scepticisme et l'égoïsme sont impropres à tremper des caractères; ils sont toujours prêts à composer avec les circonstances; car seules les croyances savent agir et lutter. Trop de parvenus ont fait leur fortune dans l'effondrement de l'édifice social pour être des ouvriers consciencieux dans une œuvre de restauration.

La direction ne peut pas davantage être efficacement remplie par la classe des lettrés, attendu que ceux-ci n'ont pas la consistance nécessaire, que ce sont des esprits spéculatifs, inquiets, d'un amour-propre très irritable, trop mobiles en un mot pour former un corps politique. Les lettrés doivent être utilisés, mais non chargés de la tutelle sociale. L'essai fait dans cette voie spécieuse après 1830 démontre qu'une élite intellectuelle manque des qualités indispensables à une élite politique, qu'elle n'est qu'un brillant état-major de la bureaucratie. Les lettres, du reste, n'ont pas plus à gagner que les affaires publiques à cette déviation. Si Villemain a pu dire : « les lettres conduisent à tout, pourvu qu'on les quitte », il serait téméraire de prétendre que le pays et même la littérature s'en soient bien trouvés.

Les oligarchies sont mieux préparées par leur

origine, leur éducation, leur caractère à la gestion des intérêts publics. Le gentilhomme a un amour plus ferme de la liberté, comme disait Chateaubriand. Une des raisons principales, pour que le classement social soit déterminé par la naissance plutôt que par l'argent ou le talent, c'est que la naissance, en dehors de ses avantages intrinsèques, constitue une base fixe, certaine, nullement arbitraire ou précaire, que ne peuvent présenter ni la richesse, ni la capacité, pour la formation d'une élite, qui serait alors inévitablement variable et controversable ; car enfin où se trouvera l'arbitre pour l'établir, prononcer en dernier ressort? Ce n'est jamais qu'un corps flottant.

XIII

Mais, dira-t-on, la révolution et ses représentants bourgeois ou démocrates ont, en compensation des maux qu'ils ont déchaînés, pourtant à leur actif les deux mérites que voici : d'avoir aboli les privilèges, et détruit les préjugés. Rien n'est moins sûr. D'abord, relativement au premier point, nous estimons qu'à l'égard des privilèges il y a surtout déplacement ; que, dans l'œuvre issue de la révolution, la richesse a pris la place de la naissance, ce qui est tout aussi injuste au point de vue de la logique pure, de la métaphysique politique, et bien moins utile au point de vue expérimental, de l'enseignement historique, comme nous l'avons exposé déjà. Ce qui prouve que les bourgeois, dans le travail de démolition, visaient seulement les immunités de naissance, c'est qu'ils ont laissé subsister dans l'édifice nouveau une série de propriétés d'ordre privilégié, adaptées à leur usage exclusif, telles que les charges d'avoués, avocats à la cour de cassation, notaires, greffiers, agréés, courtiers, agents de change, commissaires-priseurs, huissiers, référendaire au sceau, etc., parce qu'eux seuls en profitaient. Ne constituent-elles pas une catégorie de fiefs bourgeois, qui n'avaient pas plus raison de survivre à l'hécatombe que les fiefs territoriaux, les rentes, les censives, et dont la possession n'est pas plus sacrée? Le rentier de l'État est actuellement exonéré de l'impôt des valeurs mobilières. N'est-ce pas un privilège plus exorbitant que l'exemption de la taille, pour le noble, qui payait si largement l'impôt du sang, dont cette immunité était la compensation, tandis que le *tiers état* épargnait le sien? Tous les monopoles constituent autant de privilèges, de même que les juridictions exceptionnelles, tribunal de commerce pour le négoce, conseil de guerre pour l'armée. Je suis bien éloigné de les critiquer, car il n'y a pas de justice plus exactement rendue que celle de ses pairs, mais il est permis de constater que le privilège continue à fleurir sur le sol nivelé de la France. Il y en a bien d'autres, dont l'énumération surabondante deviendrait fastidieuse, sans compter la circulation gratuite des sénateurs et représentants sur les lignes ferrées.

L'inamovibilité de la magistrature, qui est en soi

une bonne institution, à cause de sa signification antirévolutionnaire, n'en est pas moins un non-sens dans un État démocratique. On comprend très bien en effet que jadis la magistrature, émanant d'une royauté indéfectible et héréditaire, en reflétât la permanence. Mais, au point de vue de l'idéologie, on conçoit moins que, dans une république, où le pouvoir est mobile, précaire, délégué à court terme, le magistrat, c'est-à-dire le mandataire de l'élu du peuple pour l'application des lois, soit dans des conditions de fixité refusées à son mandant, et jouisse d'un caractère inamovible au sein d'un gouvernement voué aux changements périodiques. Mais la logique appliquée aux institutions politiques a déjà fait assez de mal en France, pour qu'on ne l'invoque pas contre cette épave du passé, des plus salutaires, comme tout ce provient de son héritage. Néanmoins c'est une anomalie dans la France républicaine.

Toutes ces pièces rapportées de l'ancien régime, ci-dessus énumérées, ont été respectées et ajustées dans le nouveau, parce qu'elles cadrent avec les intérêts de la classe moyenne. Gardons-les, malgré l'inconséquence, bien qu'elles vaillent moins dans l'État nouveau que dans l'État ancien, et qu'elles aient même un caractère plus prononcé de faveur privilégiée, principalement pour la magistrature assise ; celle-ci jadis, en retour du droit d'inamovibilité, offrait l'avantage autrement précieux de l'immobilité, laquelle assurait l'indépendance bien plus que l'inamovibilité, surtout une inamovibilité intermittente, qui rappelle un peu les virginités ayant connu des heures de défaillance. L'inamovibilité constitue surtout pour les magistrats un minimum de garantie, laissant toute la marge de l'avancement, qui reste susceptible d'atteindre le maximum, tandis que l'immobilité enlevait aux magistrats le caractère de fonctionnaires, que le gouvernement se plaît à étendre sur tous les services publics, de quelque nature qu'ils soient, au grand détriment de l'indépendance. La vénalité des charges, si critiquée par l'idéologie, mais que la méthode expérimentale, autrement sûre pour la conduite des peuples, tend à réhabiliter, a donné à la France une magistrature d'élite, qu'elle aura peine à remplacer dans l'intérêt d'une bonne et incorruptible justice. Mais elle n'est possible qu'avec une caste judiciaire, ouverte bien entendu; or les castes, quelles qu'elles soient, sont condamnées par le rationalisme révolutionnaire. Elles sont parfois gênantes pour l'expansion des ambitions particulières, comme aussi pour les entreprises des gouvernants, mais en somme salutaires pour les nations, qu'elles préservent d'innovations dangereuses et de pressions officielles.

Indépendamment des privilèges professionnels, que la bourgeoisie a trouvé expédient de maintenir exceptionnellement à son profit, croit-on que l'argent seul, par sa force intrinsèque, ne constitue pas un privilège, le plus manifeste, en même temps que le plus redoutable? N'est-ce pas lui seul qui procure les moyens de parvenir, pourvoit aux frais de l'éducation, qui permet de faire le stage nécessaire à toutes les carrières libérales, d'accéder à celles de

'État, ouvertes à tous en théorie, néanmoins inaccessibles pratiquement aux déshérités de la fortune? On a imaginé le concours comme garantie de cette égalité spécieuse. Mais le concours, entre ceux qui possèdent et ceux qui ne possèdent pas, est tout à fait illusoire. Indépendamment des facilités de s'instruire, qui leur sont plus largement imparties, les premiers ont pour eux le temps, ce grand maître des choses humaines; ils peuvent attendre, ce qui est interdit aux seconds, pressés par le besoin. Nulle part le riche et le pauvre ne se présentent dans des conditions identiques, pas même en justice, où le plaideur fortuné est en situation bien plus favorable que le malheureux appuyé seulement sur son droit, ne serait-ce qu'en raison des dépenses qu'il faut exposer pour obtenir gain de cause. Car la gratuité de la justice n'est qu'une amère dérision. Par suite des règlements fiscaux, que la révolution s'est bien gardée de faire disparaître, de même que l'abus de la centralisation si aggravée par son fait, elle reste fort onéreuse pour tous. Toutefois les riches possèdent des ressources leur permettant de faire face à ces frais, en outre le moyen de se procurer de bons avocats, sans compter l'avantage indirect d'entretenir des relations utiles, de fréquenter les juges, trop mêlés de nos jours au mouvement du monde. L'ancienne magistrature vivait plus retirée. Comme toutes les corporations, elle conservait des mœurs spéciales, dont la tradition et l'austérité servaient de préservatifs contre la contagion du siècle.

En définitive, les privilèges professionnels, au plus

fort de la guerre déclarée aux privilèges territoriaux, trouvèrent grâce dans la proscription générale, parce qu'ils étaient à la convenance et entre les mains de la bourgeoisie. Celle-ci, du reste, jouissait, à la fin de l'ancien régime, d'autant d'immunités que les deux premiers ordres, comme l'a parfaitement démontré Tocqueville, savant publiciste, dont s'honore le parti libéral.

Les adeptes de la révolution ne manqueront pas d'objecter que, grâce à son avènement, tous ceux qui naissent dans une condition subalterne peuvent maintenant en sortir et gravir les échelons plus élevés. C'est vrai, mais ordinairement à condition de se déclasser, ce qui n'est pas toujours à l'avantage de celui qui se déclasse, encore moins de sa famille, et pas du tout de l'État troublé par ces déclassements continus, qui le remplissent de malaise. Voilà précisément une légion de formation récente, des plus malheureuses et des plus dangereuses. C'est elle qui compose l'avant-garde des dissensions civiles, où l'on a remarqué que les boursiers tenaient perpétuellement les premiers rangs, empressés qu'ils sont en général de prouver leur aptitude à la liberté par l'indépendance de leur cœur. C'est elle aussi, qui, en se mêlant à la bourgeoisie, la perd, accélère sa marche, et l'accule à la démagogie radicale.

La permanence des familles dans un état fixe est un bienfait pour la société. Il est bon pour elle que le fils fasse ce que le père a fait et lui a appris à faire ; il remplit mieux la profession paternelle qu'une profession nouvelle, par la raison que l'éducation lui manque pour cette dernière. Or l'enseignement lentement acquis par la tradition et l'exemple, c'est-à-dire l'éducation, s'assimile mieux, profite davantage que la leçon hâtive, sans modèle direct et sans racines, fournie simplement par l'instruction. M. Le Play a parfaitement démontré qu'autrefois, dans toutes les classes, existaient des familles professionnelles, se perpétuant chacune dans sa fonction sociale, et constituant un avantage incomparable pour le corps social, où chaque métier était mieux exercé, où tous concouraient à la prospérité de l'ensemble, en restant néanmoins dans leurs sphères respectives. C'est ainsi que la noblesse était vouée au métier des armes, composant, selon l'expression de Taine, des familles d'enfants de troupe, et recevant en retour l'exemption de la taille.

L'officier portant une épée, revêtu d'un costume particulier interdit à tout autre, monté sur un cheval comme un ancien chevalier, ne se commettant point avec ses subordonnés, ne répondant de ses actes qu'au tribunal de ses pairs, est dans notre société égalitaire le dernier type d'un corps aristocratique. Aussi plus une société se démocratise, plus il perd de son prestige. Dans les États foncièrement démocratiques, aux États-Unis d'Amérique, en Suisse, sa position est fort déprimée, et ne soutient plus la comparaison avec la situation grandissante des commerçants et manieurs d'argent. A mesure que les institutions démocratiques se développent, décroît le relief de la carrière militaire. S'il y a présentement une exception, seulement apparente, en France, le fait tient à une circonstance toute spéciale : la préoccupation de l'invasion, d'une guerre imminente. L'officier est honoré, parce qu'on a besoin de lui. Mais son rôle n'en reste pas moins secondaire, constamment subordonné à l'élément civil, qui le jalouse, le domine et parfois le suspecte. Cependant l'homme de guerre, voué à la défense du pays sans espoir de s'y enrichir, y remplit la fonction la plus honorable au péril de sa vie. Comme le gentilhomme, dont il continue la tâche, il sert sa patrie : d'où est venu, pour l'un comme pour l'autre, le beau mot de *servir*, qui, dans sa concision, résume et définit la noble profession des armes.

L'esprit de caste, les institutions aristocratiques, ont toujours produit les grands peuples, qui ont dominé le monde, et les essais démocratiques ont invariablement échoué au bout d'une courte et orageuse carrière. L'histoire en témoigne, et sur ce point présente un guide plus sûr que l'idéologie. Ce n'est pas à dire qu'il faille empêcher tout mouvement ascensionnel des classes inférieures vers les degrés supérieurs. Cette accession est légitime et honorable ; elle doit se dessiner et s'est toujours dessinée, mais à l'état d'exception ; car les exceptions sont essentiellement compatibles avec la règle, mais ne doivent pas la suppléer et surtout l'intervertir. Il y a toujours eu des parvenus, et il importe qu'il y en ait, ne serait-ce que pour rajeunir es cadres. Le danger commence, quand l'ordre hiérarchique est méconnu et supprimé, et que le passage d'une classe à l'autre n'est plus une infiltration graduelle, mais un torrent débordé qui rompt toutes les digues. Les conquêtes de 1789 se réduisent à la substitution du privilège de l'argent à celui de la naissance et à toutes ses conséquences dissolvantes. La démocratisation des idées, des institutions et des mœurs, a engendré et ne permet maintenant que la plus sotte et la plus redoutable des oligarchies, la ploutocratie. Il n'y a pas de quoi vraiment en tirer vanité.

XIV

Tout aussi décevante est la prétendue victoire remportée par les révolutionnaires sur les préjugés, d'abord parce que la place des préjugés anciens est depuis tenue par les préjugés à rebours, une avalanche de préjugés historiques, le tout formant le volumineux chapitre des rengaines modernes. Ensuite, sur ce terrain semé d'embûches la prudence commande la plus grande circonspection, ne serait-ce que pour ne pas s'exposer à la spirituelle repartie de madame de Boufflers à d'Alembert, se vantant d'avoir porté la cognée dans la forêt des préjugés : « C'est pourquoi, s'écria-t-elle, vous nous débitiez tant de fagots! » En thèse générale, les préjugés, consistant dans des jugements formulés d'avance, sans examen préa-

7.

lable, peuvent par là même être vrais ou faux. Beaucoup de ces axiomes, dictés par l'expérience séculaire, méritent confiance et respect. Un pays qui ferait table rase de ces croyances instinctives, de ces vérités voilées et traditionnelles, serait inhabitable. Il faudrait le fuir comme un repaire, de même que l'homme sans préjugés est synonyme de malhonnête homme, dont il importe de se méfier. M. Taine, avec son admirable faculté d'analyse, a parfaitement expliqué, dans les *Origines de la France contemporaine*, que le préjugé héréditaire est comme l'instinct une forme aveugle de la raison.

« Le préjugé héréditaire, dit-il, est une sorte de raison qui s'ignore. Il a ses titres, aussi bien que la raison elle-même : mais il ne sait pas les retrouver. Quand on le considère de plus près, on trouve que, comme la science, il a pour source une longue accumulation d'expériences. Les hommes, après une multitude de tâtonnements et d'essais, ont fini par éprouver que telle façon de vivre était la seule accommodée à leur situation, la plus praticable de toutes, la plus bienfaisante ; et le régime ou dogme, qui aujourd'hui nous semble une convention arbitraire, a d'abord été un expédient avéré de salut public. Souvent même, il l'est encore ; à tout le moins, dans ses grands traits il est indispensable ; et l'on peut dire avec certitude que, si dans une société les principaux préjugés disparaissaient tout d'un coup, l'homme, privé du legs précieux que lui a transmis la sagesse des siècles, retomberait subitement à l'état sauvage ».

Une étude analytique des principaux préjugés serait certainement curieuse à esquisser. Elle ferait ressortir les salutaires enseignements de ces vieux axiomes de sagesse, qui se transmettent, en fait sous la forme de préjugés, et en parole sous celle de proverbes. C'est bien la sagesse des nations. Pour n'en prendre qu'un, parmi les plus anciennement et universellement enracinés, les générations contemporaines n'oublient-elles pas trop l'antipathie traditionnelle de leurs devancières pour la race juive? Quand on considère ses progrès, son accaparement de la richesse mobilière, sa mainmise sur la fortune territoriale elle-même, son immixtion dans toutes les sphères de l'activité nationale, son hostilité latente mais implacable contre les croyances séculaires, sa participation aux plus hauts emplois de l'administration dans une proportion si exorbitante comparativement au chiffre minime de sa population; enfin, son influence prépondérante non seulement dans l'industrie, le commerce, et la banque, mais encore sur les gouvernements qui consultent ses chefs, sur les ministères où elle a accès, on se demande avec une anxiété patriotique jusqu'où ira cette invasion, et si nos pères n'étaient pas mieux inspirés, en les reléguant dans leurs comptoirs, sans leur faire place dans la vie civile et politique. On finit par comprendre les mesures prises à leur égard par les rois de France pour soustraire à leur avidité la fortune publique, non certes tous les moyens violents déployés dans cette œuvre de prudente sauvegarde. Certains sévices, que réprouve l'humanité, sont uniquement d'ailleurs le reflet des mœurs générales de l'époque.

Mais la barrière élevée contre leurs entreprises était sage. Un jour viendra peut-être où la France regrettera de s'être trop écartée de la tradition à l'égard des juifs, et se verra forcée d'y recourir pour échapper à la ruine matérielle et morale. La campagne menée par M. Drumont, avec un talent égal à son courage, a posé la question. L'avenir donnera la réponse. Pour le moment ils règnent en maîtres avec l'auxiliaire de la franc-maçonnerie et la connivence de la presse, qu'ils ont su, en quelque sorte, monopoliser. Il était naturel que la prépotence de l'or, inaugurée par le tiers état, aboutît au triomphe de ces virtuoses dans la science du trafic. La domination des Israélites est une des conquêtes de la révolution qui, avec sa rage d'idéologie et par haine du catholicisme, a tenu à incorporer à la France ce peuple étrange, d'un cosmopolitisme effrayant, sans territoire et sans chefs officiels, qui rançonne le monde.

En réalité, dans la juiverie, il ne faut voir ni une nation, puisque tout centre ethnographique lui manque, ni une religion puisqu'alors même qu'elle embrasse le protestantisme, le schisme grec ou le catholicisme, le caractère original ne se perd ni ne s'amende, surmontant toutes les épreuves; mais il importe d'y reconnaître une race indélébile et réfractaire aux transformations, qui traverse impunément tous les courants comme certains fleuves courent à travers les grands lacs sans mélanger leurs ondes.

Toutefois la comparaison pèche en ce sens que ces rivières sortent, comme elles sont entrées, pures et majestueuses, sans rien laisser ni rien prendre au réservoir qui leur a donné passage. La nature juive, avec son incurable névrose et son avidité dévorante, aurait plus de rapports avec les propriétés particulières au mercure, ce corrosif par excellence, qui s'agite sans cesse et ronge ce qui l'entoure. N'y avait-il pas plus de sagacité patriotique à écarter du corps social des parasites, qui n'y adhèrent que pour l'appauvrir? Nos pères se seraient bien gardés de contracter des alliances avec les fils ou filles d'Israël; aujourd'hui il y a beaucoup de sang juif dans les familles françaises, de la bourgeoisie surtout qui s'est imprégnée de son esprit, et, hélas! aussi de l'aristocratie, qui se modèle sur son héritière maintenant. Des maisons de haut parage ne font pas difficulté de refumer leurs terres, comme disait madame de Grignan, avec des produits de Judée, sacrifiant pour la prospérité de leurs affaires l'avenir de leur lignée; car la trace juive est ineffaçable et se retrouve physiquement et moralement au bout de plusieurs générations.

Préjugés, si l'on veut mais préjugés salutaires, ceux aussi qui tendaient à préserver des mésalliances, lesquelles sont la perte des États au dire de Dante; ceux encore qui entravaient les promiscuités de toutes sortes présentées par le monde actuel; qui habituaient les membres des dynasties royales à rester à leur poste, au lieu de courir par tous pays, en quête de divertissements, de se donner en spectacle parfois peu édifiant et généralement fâcheux pour leur prestige. Une fièvre de locomotion et de déplacement sans trêve, sorte de danse de Saint-Guy, agite le monde. Nous sommes en un temps où personne ne sait plus tenir en place ni garder sa place, même les princes, et l'on peut ajouter : ni la défendre ; car c'est bien le siècle des défaillances, à commencer par les souverains, qui se sont perpétuellement abandonnés. Ne serait-ce pas qu'avec les habitudes on perd au bout de quelque temps les vertus et que, le rôle ne se remplissant plus dans son intégrité première, la foi chancelle, la tête se trouble et l'esprit incline aux capitulations? Plus on creuserait cette matière, plus on s'apercevrait que la plupart des préjugés héréditaires avaient leur raison et leur utilité ; et l'on serait amené à conclure par cette maxime d'un penseur exquis (Joubert) : « Mes découvertes — et chacun a les siennes — m'ont ramené aux préjugés ».

A y regarder de près, les siècles forment entre eux une chaîne dont les anneaux sont solidaires. Le plus souvent ce n'est point sagesse, mais témérité de secouer avec trop de présomption le joug des idées traditionnellement admises, qui traduisent des vérités cachées dans les profondeurs reculées du temps. C'est un héritage que la prudence conseille d'accepter, sous bénéfice d'inventaire sans doute, mais de ne jamais répudier précipitamment. Que de fois, par légèreté, défaut de réflexion ou d'expérience, échappe la raison d'être de certaines lignes de démarcation, qu'on ne comprend pas dans le passé, et qui néanmoins se reproduisent sous d'autres aspects dans les habitudes modernes? Qui se choque aujourd'hui de l'interdiction imposée aux soldats et sous-officiers de voyager en première classe, dès lors dans beaucoup de trains rapides, pour ne pas se rencontrer mêlés avec des officiers? C'est cependant une considération pareille, qui élevait une barrière entre les gens du tiers état et les nobles, lesquels composaient le corps d'officiers de ce temps-là et certes n'y épargnaient pas leur vie. Que d'idées fausses sur le passé! L'altération des monnaies, par exemple, si véhémentement reprochée à plusieurs rois, à Philippe le Bel entre autres, diffère-t-elle sensiblement des conversions de rente, si multipliées de nos jours et acceptées sans murmures? C'est évidemment un procédé identique, avec les différences d'opération apportées par les époques et les modifications introduites par la science financière et l'économie politique, qui varient avec les âges.

Que de préjugés à rebours aussi, ne serait-ce que ce qui s'est débité de déclamations, en prose et en vers, sur les nobles qui n'ont eu que la peine de naître! La moindre réflexion démontre cependant qu'il en est de même pour tous les avantages de ce monde, où l'on possède la richesse parce qu'on naît de parents riches, où l'on brille par le talent, la force, la beauté, tous les dons de l'esprit et du corps par un simple bénéfice de nature; car, si la culture les accroît, elle ne les crée pas. Le poète, l'orateur, le grand capitaine, de même que le chanteur et l'athlète, n'ont eu également que la peine de naître. Tous ne doivent leurs succès qu'au Créateur universel, à ce Dieu dont on écarte l'image et le nom comme ceux d'un bienfaiteur importun, et qui seul a donné à l'homme tout ce qu'il possède, aussi bien au commun des mortels qu'aux rares privilégiés, qui laissent un rayon lumineux à travers les âges.

Si la prudence commande une grande circonspection à l'égard des préjugés héréditaires, mystérieux préceptes de l'expérience traditionnelle, il convient de faire justice d'un amas de préjugés historiques, mis en circulation par l'esprit sectaire, tel que celui si fort accrédité par l'école fataliste, d'après lequel la révolution française serait due à un courant d'opinion irrésistible, à de hautes aspirations, à une passion profonde et désintéressée de la liberté. C'est une pure fantasmagorie. On n'a, pour s'en convaincre, qu'à serrer les faits de près, fouiller les biographies des principaux acteurs du drame révolutionnaire, interroger les dépositions contemporaines. Tous les coryphées de la révolution poursuivirent un but personnel ou intéressé. Chamfort en fait l'aveu, en disant au début de la crise qu'il se contenterait de vingt mille livres de rente (1). Voilà la moralité à tirer des vocations réformatrices.

N'est-ce pas par une série de jugements erronés,

(1) *Mémoires* de Marmontel.

véritables préjugés historiques, que l'école démocratique a défiguré l'histoire, qui trop souvent sous la plume de ses écrivains est devenue une conspiration ourdie contre la vérité ! Notamment elle n'a rien compris ou plutôt rien voulu comprendre au moyen âge et à la féodalité. Grâce à ses déclamations, entachées de mauvaise foi ou d'ignorance, du cumul peut-être de ces causes d'erreur, ces deux termes passent pour significatifs de barbarie. Une étude vraiment scientifique conduit à une opinion toute différente. Elle y a amené Littré lui-même, un des pontifes de la démocratie, mais un véritable savant, qui leur rend hommage et justice. Ce n'était pas, si l'on veut, le temps des lumières; mais c'était celui du dévouement, de l'honneur, de la foi, de la charité, de la générosité; car le moyen âge n'a pas connu le mépris de la pauvreté et le culte de l'or.

De ces ténèbres, de ces âges si dépréciés dérivent cependant toutes les grandes découvertes dont nous utilisons l'héritage : la boussole, l'horlogerie, la poudre à canon, la distillation de l'eau-de-vie, la peinture à l'huile, les notes de musique, l'imprimerie, et l'on pourrait ajouter le nouveau monde, qui, peut-être entrevu par les navigateurs du moyen âge, fut découvert sur ses confins en 1492 par Christophe Colomb, né du reste avant l'expiration de cette période historique, laquelle, dans une classification bien entendue, devrait se prolonger jusqu'en 1492. La date de la découverte de l'Amérique semblerait mieux appropriée que celle de la prise de Constantinople par les Turcs (1453) pour marquer la transition du moyen âge à l'ère moderne. Est-ce une époque de ténèbres, comme le prétend l'école dénigrante du rationalisme, celle qui produit un génie comme Dante, et un livre comme l'*Imitation de Jésus-Christ*, « le plus beau livre, sorti de la main des hommes, puisque l'Évangile n'en vient pas », dit le philosophe Fontenelle?

Cette mémorable période, vrai berceau du monde moderne, à qui elle a laissé tant de legs magnifiques, sans compter son architecture grandiose, soit romane, soit gothique, dont le secret nous échappe, a fait éclore la plus grande société qu'ait connue la terre depuis la chute du monde romain. L'édifice social, appelé avec justesse par Littré *catholico-féodal*, surpasse l'édifice païen de la Rome antique en durée et en grandeur morale: à son ombre se sont développées deux institutions immortelles, absolument originales, sans précédent dans les annales anciennes, savoir: les ordres monastiques, qui ont sauvé la civilisation et fait fleurir la charité; ensuite la chevalerie, qui est l'idéal de ce cycle de valeur guerrière, de fierté délicate, d'amour exalté, de foi active, dont la féodalité est le cadre réel, la chevalerie, qui a porté les vertus humaines à leur plus haut degré, et qui laisse un nom magique, symbole de courage, de force et de loyauté.

C'est dans le moyen âge et les traditions féodales transformées et appropriées aux besoins modernes que les nations fortes de l'Europe plongent leurs racines; tels sont l'Angleterre, l'Allemagne, l'Autriche, les États slaves, la Russie aussi. Ne perdons pas de vue, hélas ! non plus, que ce sont eux qui ont vaincu et envahi en 1814, 1815, 1870 la France nouvelle. Car c'est l'erreur de ceux, qui ne voient que la surface des choses, de s'imaginer que les défaites de ces années terribles doivent être seulement portées au compte de Napoléon Ier et de Napoléon III. Ceux qui sondent le fond des choses sont contraints de reconnaître que la lutte était engagée entre la révolution, sa propagande, les gouvernements issus d'elle, et l'ancienne Europe coalisée contre sa fortune ; ce qui le prouve, c'est que nulle intervention ne s'interposa pour amortir le choc.

XV

En définitive c'est le vieux monde qui a triomphé contre nous, hélas ! pour des raisons contingentes — je le veux bien — mais aussi parce qu'il possède un principe supérieur de force, dérivant des traditions, des croyances, de la hiérarchie, conséquemment de la discipline morale et matérielle. La revanche est bien difficile avec une république démocratique. La Prusse le sait bien ! L'histoire, dont le flambeau éclaire plus sûrement les peuples que la métaphysique, n'a pas encore présenté d'exemple d'une grande république démocratique centralisée et puissante par les armes. Car il ne faut pas oublier que, sans l'apparition de Bonaparte, la Convention sombrait et que la contre-révolution eût été consommée avant l'expiration du dernier siècle. Quant à l'empire, c'est une épopée en action, un prodige accompli par le plus puissant organisateur qui ait paru sur la scène du monde moderne, et qui était l'antithèse vivante de l'idéologie républicaine. Celle-ci, par essence, n'a pas la vocation des exploits militaires. D'abord elle s'en défie, craignant de voir surgir de toute victoire un dictateur. Les démocrates ont toujours montré une antipathie instinctive à l'encontre des grandes armées. Leurs chefs de file ont passé leur vie à déclamer contre elles et ont visé avec une opiniâtreté constante la suppression des armées permanentes. Alors même que, promus au pouvoir, ils sont contraints, par la brutalité des faits et l'imminence du péril, de changer d'attitude, ils commettent la faute de froisser et d'altérer l'esprit de l'armée, se complaisent à la subordonner partout à l'élément civil, au point de maintenir avec obstination au ministère de la guerre, comme au département de la marine, des hommes sortis des carrières civiles, de provenance politicienne, à remplacer ces fortes troupes mûrement aguerries et solidement disciplinées, qui avaient la religion du drapeau et formaient une famille militaire, par une agglomération de citoyens armés, n'ayant pas un temps de service suffisant pour contracter les mœurs du soldat, c'est-à-dire une sorte de milice flottante, qui serait susceptible de devenir un jour plus dangereuse à l'intérieur que redoutable aux ennemis de l'extérieur.

S'appuyer, pour justifier ces innovations, sur l'exemple de l'Allemagne est un sophisme, car les conditions ne sont pas identiques. Au fond, l'Allemagne n'est qu'un immense camp féodal disposé à la moderne; grâce à son aristocratie, qui lui fournit les cadres de sa *Landwehr*, elle a sous la main une force militaire toujours prête et d'une admirable discipline. Il en va tout autrement en France, où la préoccupation électorale a été la raison déterminante, dans cette grave question, comme dans toutes d'ailleurs : car la politique française a pour pivot les exigences parlementaires et le besoin de popularité. Ce sont les petites misères inhérentes au parlementarisme, spécialement au parlementarisme démocratique, et auxquelles échappe l'organisme monarchique, mieux adapté au développement de l'esprit militaire, ne serait-ce qu'en raison de l'appoint apporté au patriotisme par la fidélité envers une dynastie, incarnation vivante de la patrie. Une image concrète, en effet, a toujours plus de prise sur le cœur de l'homme qu'une idée abstraite. En résumé, « la démocratie fait notre faiblesse politique et militaire ». Qui dit cela? Un auteur fort goûté des démocrates, qui lui décernent des obsèques publiques et ouvrent le Panthéon, Renan, ajoutant : « Elle fait notre ignorance, notre sotte vanité ».

Sans doute, pour se permettre d'aussi dures vérités, le fameux styliste a reçu des sectaires indulgence plénière en considération de son impiété notoire.

M. Lorrain, dans un livre fort instructif (1), prétend que « la hauteur du rang qu'un peuple occupe dans le monde s'est toujours mesurée aux sacrifices d'égalité, qu'il a eu la vertu de s'imposer ou l'heureuse fortune de subir ». Il pense avec sagacité qu'en histoire la rançon de l'égalité c'est l'insignifiance, conséquemment, que toute démocratie est tenue d'être humble dans ses relations extérieures. Les grands rôles historiques ne lui appartiennent point. La France, en persistant dans sa voie, échappera difficilement à cette loi de l'histoire, et devra chercher la consolation de sa grandeur amoindrie dans les triomphes de l'activité industrielle. Ses victoires désormais seront ses spectacles, ses fêtes, ses bazars, ses expositions. Elle y réussit à merveille. Sur ce terrain elle humilie la Prusse, obligée de replier ses plans d'exposition concurrente. Pauvre revanche ! Le bas-empire étonnait et humiliait pareillement, par ses pompes et les raffinements de sa civilisation avancée, mais avancée au point d'en être pourrie, l'Europe occidentale, qui traversait en armes Constantinople pour accomplir la première croisade. Ces Grecs si ingénieux traitaient dédaigneusement de *Barbares* ces rudes guerriers inhabiles aux arts de la paix, qui revinrent un siècle plus tard s'emparer de l'opulente cité et y fonder l'empire latin.

Cette sorte de primauté industrielle n'est-elle pas une rançon bien chère pour compenser le sacrifice

(1) *Le Problème de la France contemporaine.*

— je ne dis pas — de l'hégémonie européenne, que nous avons possédée, qu'il ne faut peut-être pas trop envier, parce que généralement elle dure peu, mais d'un rôle prépondérant, tout au moins d'une fière et entière indépendance? Qui a vu le délire d'allégresse triomphante suscité par l'Exposition de 1889, comprend le travail psychologique qui s'élabore dans le cerveau d'un peuple mûr pour la décadence. C'était l'ivresse de la fête de l'or et du plaisir; et, ce qu'il y a de plus significatif, c'est que tout le monde y participait. Il y a des séries de phénomènes et d'impressions, qui ne se conçoivent que tant que l'épidémie dure. Si celle-ci se prolonge, elle altère le tempérament.

Certes de pareils succès méritent applaudissements; il est toujours louable de mener à bien ce que l'on entreprend. Mais il est bon de ne rien exagérer, et de priser chaque chose à sa juste valeur. Les couronnes remportées aux jeux Olympiques étaient, au temps d'Alexandre, une consolation dérisoire pour les Athéniens vaincus. Les palmes décernées aux Français dans ces expositions universelles, qui produisent leurs plus beaux fruits en terre démocratique, l'Amérique, la France, ne dédommagent nullement de nos provinces passées sous la domination étrangère. Qui sait si de pareils triomphes, en caressant notre démangeaison de vanité, ne nous endorment pas sur le but à poursuivre, en déplaçant en quelque sorte l'objectif de la revanche? Pour les nations, comme pour les individus, l'amour-propre est fécond en sophismes.

Parfois il se produit sur les esprits une espèce de mirage et de perturbation comparable aux effets du *daltonisme*, cette maladie de l'œil qui dénature les objets et les présente sous de fausses couleurs, de façon que ce que l'on croit fermement voir est une illusion et que la réalité échappe.

Gardons-nous contre ce phénomène morbide, et ne prenons pas l'ombre pour la chose. La revanche est aux marches de France, sur le sol d'Alsace et de Lorraine, et non dans les bazars prodigieux où trépignent les foules émerveillées. Tout cet appareil de parades, de fanfares, de bataillons scolaires, de sports athlétiques ne suffit pas. Sauf pour les bataillons scolaires, qui ont fait leur temps et paraissent condamnés, il y a certainement du bon dans cette mise en scène et ces exercices fortifiants pour l'entraînement des populations. Mais, pour préparer la victoire, le mieux est de fortifier l'âme par la discipline morale et matérielle, les saintes croyances, l'idée du devoir, la notion du respect, du sacrifice, de la patience, de la sobriété, du désintéressement et de la subordination. Voilà les qualités qui rendent les armées victorieuses. Lorsqu'elles animeront l'armée française, la revanche couronnera ses travaux. Jusque-là elle est fort problématique. Du reste, la partie ne se jouera pas de sitôt. Car la guerre, à moins que nous la subissions, semble bien peu probable. Une république recule généralement devant cette éventualité, par la raison qu'elle ne redoute pas moins la victoire que la défaite, et voit sa ruine par l'une comme par l'autre, d'un côté par la dictature, de l'autre par l'envahissement; d'où l'on peut conclure : la république, c'est la paix! Ce qui, au fond, à une époque de matérialisme pratique et dans un pays tout absorbé par les intérêts matériels, est un élément de solidité, du moins d'adhésion et de popularité; mais il convient d'ajouter qu'en même temps c'est une cause d'effacement, d'infériorité comparative, qui blessent son patriotisme, irritent son orgueil, et peuvent, à un jour donné, l'exaspérer et le jeter dans les aventures. Non que je souscrive au reproche souvent formulé contre cette nation : celui d'être ingouvernable. Rien n'est plus injuste.

Les Français au contraire sont faciles à gouverner, demandent même à être gouvernés. Ils ne sont même pas difficiles pour le choix de leurs gouvernants. Pour peu qu'on amuse leur vanité et qu'on leur parle d'une liberté abstraite, qui en définitive n'accorde aucune immunité pratique, ils se plient à tous les jougs. Toutefois, s'ils sont prêts à se soumettre à tous les régimes qui s'imposent, ils n'en soutiennent aucun au jour de leur chute. Le sabre de M. Prudhomme, qui a la propriété de défendre et de combattre successivement les institutions politiques, est une arme de fabrication essentiellement française. A la vérité, ils peuvent invoquer comme circonstance atténuante la propre défaillance des gouvernements, qui tous s'abandonnent dans les crises finales et capitulent à l'envi. Cette propension à prêter les mains à toutes les entreprises qui réussissent, à s'incliner devant tous les faits accomplis, est encore accrue par la prépotence décisive de la capitale. Paris est, comme Londres, une de ces villes monstres dont on devrait restreindre le développement, au lieu de l'encourager. Mais Londres n'offre pas le même danger en cas de troubles civils. Une insurrection, maîtresse de Londres, ne tiendrait nullement l'Angleterre sous sa loi, parce que les comtés, qui sont des circonscriptions vivantes, feraient contrepoids ; tandis que l'absence de tout contrepoids provincial expose la nation française à se courber sous la pression de toute sédition, qui triomphe dans la métropole. Qui a Paris est maître de la France.

Cet inconvénient résulte de cette centralisation à outrance, déjà mentionnée comme un abus de l'ancien régime démesurément accru par la révolution, qui a conservé cette seule épave du passé. tandis que c'était précisément celle-là qui était à réformer. Non contente de la maintenir, elle la développe sans trêve par la mainmise sur toute autonomie locale et par la plaie du fonctionnarisme, qui chaque jour élargit ses cadres pour satisfaire les exigences de la politique électorale. En voilà un fléau qui sévit depuis quelque temps avec une recrudescence scandaleuse d'intensité ! Cela tient à ce que, dans les démocraties, les mercenaires de la bureaucratie occupent, aux dépens des contribuables, les fonctions que remplissaient gratuitement ou à peu de frais les oligarchies locales. Au lieu de réaliser les économies, qu'ils réclamaient dans l'opposition, les meneurs de la démocratie, une fois nantis du pouvoir, semblent rivaliser entre eux d'entrain et d'ingéniosité pour augmenter les dépenses, et pour aboutir à des budgets fantastiques, qui feraient reculer ou crouler tout autre régime. Si ce pays-ci voulait introduire des réformes sérieuses, il devrait mettre un frein à la fonctionnomanie, en diminuant, au lieu de les étendre, les cadres de la bureaucratie, faire cesser les monopoles, rendre à l'action privée une foule d'attributions que l'État s'est arrogées, qu'en général il remplit assez mal, et, dans tous les cas, d'une façon très coûteuse.

Que l'État renonce à être constructeur de voies ferrées, de canaux, marchand de tabac ou d'allumettes, professeur, maître d'école ; qu'il abandonne tous les services monopolisés à l'initiative privée, qui s'en tirera mieux que lui ; les finances et la liberté y gagneront. Si l'on veut effectuer cette décentralisation vivifiante, que chaque homme politique préconise dans les rangs de l'opposition, et que tous en possession du pouvoir ajournent ou écartent, il ne suffit pas de transporter de l'autorité ministérielle à l'autorité départementale ou locale telles ou telles attributions ; car dans ce cas la réforme se réduit à un simple déplacement de centralisation ; l'agent nommé par la puissance centrale reste investi de la solution ; et l'on n'obtient, par cette voie, qu'un bénéfice de simplification et de célérité. Ce n'est qu'un palliatif.

XVI

Toute tentative sérieuse de décentralisation nécessite une opération préalable ; car il importe de créer des agglomérations susceptibles de vie, avant de songer à les doter d'attributions, conséquemment de remanier la division actuelle de la France. La Constituante, qui ne s'entendait qu'à détruire, a commis la faute, en supprimant les provinces, d'établir un trop grand nombre de circonscriptions départementales pour que celles-ci puissent former des collectivités vivantes ; c'est du reste ce qu'elle ne voulait pas. Ne s'attachant qu'à annihiler et émietter, elle s'est plu à décorer du nom de communes les anciennes paroisses, dont la plupart sont beaucoup trop petites et trop pauvres pour avoir une existence propre. Tout cela serait à refondre. Mais d'abord il faudrait supprimer les départements, ou les agglomérer de manière à former par exemple vingt-quatre groupes provinciaux (1), appelés provinces ou départements, où la vie locale

(1) Un travail inédit, entrepris sur cette matière, nous induit à proposer comme désirable la division de la France en vingt-quatre circonscriptions, qui seraient les suivantes :

1° Seine, Seine-et-Oise, Oise, Seine-et-Marne, Aisne, Chef-lieu : Paris, capitale de la France ;

2° Seine-Inférieure, Eure, Calvados, Orne, Manche. Chef-lieu : Rouen ;

3° Nord, Somme, Pas-de-Calais. Chef-lieu : Lille ;

4° Meurthe-et-Moselle, Meuse, Ardennes. Chef-lieu : Nancy ;

5° Marne, Haute-Marne, Vosges, Aube. Chef-lieu : Reims ;

6° Doubs, Haute-Saône, Jura, territoire de Belfort. Chef-lieu : Besançon ;

pourrait refleurir, où s'organiseraient des centres d'activité, où s'établiraient d'utiles contrepoids à l'omnipotence de la métropole, qui est un danger national. Un État républicain n'entreprendra jamais cette œuvre de salut, d'abord parce qu'elle ne lui plaît pas, ensuite parce qu'il est trop asservi aux volontés parlementaires et aux caprices des corps électoraux pour mener à bien un travail, qui exige énergie, impartialité, hauteur de vues et surtout absence de tout souci de popularité. Aucun gouvernement n'a tenté cette tâche réparatrice, par la raison que le préjugé moderne de la sagesse de

7° Côte-d'Or, Yonne, Saône-et-Loire, Nièvre. Chef-lieu : Dijon ;
8° Rhône, Loire, Ain. Chef-lieu : Lyon ;
9° Isère, Drôme, Basses-Alpes, Vaucluse. Chef-lieu : Grenoble ;
10° Savoie, Haute-Savoie, Hautes-Alpes. Chef-lieu : Chambéry ;
11° Bouches-du-Rhône, Alpes-Maritimes, Var. Chef-lieu : Marseille ;
12° Gard, Ardèche, Lozère. Chef-lieu : Nîmes ;
13° Hérault, Aude, Pyrénées-Orientales, Aveyron. Chef-lieu : Montpellier ;
14° Haute-Garonne, Tarn, Tarn-et-Garonne, Ariège. Chef-lieu : Toulouse ;
15° Basses-Pyrénées, Hautes-Pyrénées, Gers. Chef-lieu : Pau ;
16° Gironde, Landes, Dordogne, Lot-et-Garonne. Chef-lieu : Bordeaux :
17° Haute-Vienne, Creuse, Corrèze, Lot. Chef-lieu : Limoges ;
18° Puy-de-Dôme, Cantal, Haute-Loire, Allier. Chef-lieu : Clermont-Ferrand ;
19° Vienne, Deux-Sèvres, Charente, Charente-Inférieure. Chef-lieu : Poitiers ;
20° Loire-Inférieure, Maine-et-Loire, Vendée. Chef-lieu : Nantes ;
21° Indre-et-Loire, Loir-et-Cher, Mayenne. Sarthe. Chef-lieu : Tours ;
22° Loiret, Eure-et-Loir, Cher, Indre. Chef-lieu : Orléans ;
23° Ille-et-Vilaine, Morbihan, Finistère, Côtes-du-Nord. Chef-lieu : Rennes ;
24° Corse. Chef-lieu : Ajaccio.

l'Assemblée constituante les a tous plus ou moins dominés.

Dans une séance fameuse, un orateur de l'école de Phocion, comme lui procédant à coups de hache, a proclamé que la révolution française formait un bloc indivisible. M. Clemenceau a parfaitement raison ; on ne peut mieux poser la question : il faut tout prendre ou tout rejeter, car le tout s'enchaîne. Entre 1789 et 1793 il n'y a pas la moindre solution de continuité, pas un jour d'arrêt. Par malheur a surgi un tiers parti, acceptant la révolution sous bénéfice d'inventaire. La grande majorité des conservateurs adhère à cette doctrine éclectique. Les meilleurs esprits s'en tiennent à la métaphysique de 1789, invoquent les *droits de l'homme*, cette préface aussi vide que pompeuse d'un livre inachevable ; tandis que les opportunistes, en gens pratiques, préconisent 1792 ; que les radicaux, qui se piquent d'être logiciens, font l'apologie de 1793 ; et que d'autres enfin, d'une logique transcendante, les socialistes et anarchistes, rêvent un acte final, qui serait le couronnement ou plutôt le découronnement de l'œuvre. Ce qui revient à dire qu'en France la contagion révolutionnaire a tout envahi ; toutes les classes, tous les corps, jusqu'aux princes, sont atteints de l'idolâtrie de 1789.

Beaucoup admettent l'arbre, sauf à condamner ses fruits, ce qui est absolument déraisonnable ; car c'est aux fruits que se juge l'arbre. Les fruits et l'arbre méritent même jugement. Ils encourent aussi bien les uns que l'autre l'anathème si éloquent de Burke, adjurant les Anglais, au nom de leur salut, de fuir toute imitation de la révolution française, qu'il déclare *dangereuse et satanique*. Pour éviter les fatigues et les désagréments de la lutte, pour prendre part aux avantages offerts par les faits accomplis, nombre de conservateurs s'abandonnent au terrible esprit de nouveauté qui ébranle le monde. D'ailleurs trop de membres de la phalange conservatrice ont profité de la révolution; leurs mains détiennent trop de biens nationaux. Ce qui prouve bien que l'esprit révolutionnaire, sciemment ou insciemment, s'est infiltré dans toutes les parties du corps social, c'est que la doctrine contre-révolutionnaire n'a pas recruté d'adeptes, bien qu'elle eût pour la formuler les têtes les plus puissantes du siècle, Joseph de Maistre, Bonald, Chateaubriand avant sa rupture avec Villèle, Lamennais avant sa chute.

On s'est toujours contenté de répondre qu'on ne remontait pas le courant. Maxime plus commode que judicieuse! Car enfin, quand on est poussé droit vers une cataracte, remonter le courant, dont la descente glisse sur les rapides, est encore le plus sûr et souvent le seul moyen d'échapper à l'abîme. Le mal dont souffre la France semble incurable, parce qu'elle se refuserait au remède qui pourrait la guérir. Le fait s'est manifesté avec la dernière évidence, lorsqu'après les derniers désastres elle avait un port de salut dans l'antique monarchie restaurée. L'heure propice, ménagée par la Providence, n'a pas été utilisée et ne peut revenir. La branche d'Orléans renouera difficilement la tradition, parce qu'elle se heurte à une équivoque. Représente-t-elle la révolution ou la contre-révolution? Arbore-t-elle le drapeau tricolore de Louis-Philippe ou le drapeau blanc du comte de Chambord et des rois ses ancêtres? Je n'évoque pas le régicide de 1793. Mais il y a quelque chose de plus grave qu'un crime individuel, c'est le schisme dynastique de 1830, qui est la négation du principe de la légitimité et l'apostasie de la tradition. Si à tout péché il y a miséricorde, il faut que la contrition précède l'absolution; et les marques n'en sont guère apparentes.

En se croyant habiles, les orléanistes ont compromis sinon perdu la cause de leur prince en 1873; car en 1883 celui-ci se serait trouvé installé sur les marches du trône, avec la qualité d'héritier du dernier représentant de la branche aînée, restauré avec sa participation dans la plénitude de son droit. Ce qu'il y a de piquant, c'est que les orléanistes ne se sont épris de la légitimité que depuis l'ouverture de la succession. Auparavant, ils la combattaient comme une doctrine surannée, qu'ils avaient même flétrie par un vote fameux, punissant d'une flétrissure officielle les hommages rendus au comte de Chambord. Pour concilier le dogme de la légitimité et la théorie moderne de la révolution, maintenant ils préconisent « la monarchie, ancienne par son principe, moderne par ses institutions ». C'est bien long! Il faut toujours un peu se défier des substantifs qui ont besoin de s'étayer sur plusieurs adjectifs, surtout quand les termes sont de nature assez contradictoire, attendu que les *institutions modernes*, qui reposent sur la théorie contractuelle, ne s'inclinent point devant le *principe ancien*, uniquement fondé sur le droit historique.

En définitive, la légitimité c'est la royauté contre-révolutionnaire, celle du drapeau blanc, celle du comte de Chambord, ne dépendant d'aucune élection, ni populaire, ni parlementaire, impliquant simplement une reconnaissance par acclamation. D'après l'ancien droit public français, la souveraineté capétienne ne constituait pas un héritage, comme les autres fiefs, mais un office national avec ses conditions spéciales, définies par le sacre. C'est même pour cette raison, à cause de l'office joint au fief, que les femmes étaient exclues de l'héritage royal, tandis qu'elles succédaient aux fiefs. Le caractère dominant de l'office royal est inconciliable avec la théorie révolutionnaire. Dès lors il s'ensuit que, si le comte de Paris accepte purement et simplement, sans restriction ni modification, la politique du comte de Chambord, il reçoit la pleine investiture de ses droits. Mais s'il entend n'être qu'héritier bénéficiaire et conserver les couleurs de la révolution, cela induit à penser qu'il pactise avec les principes de la révolution et reste le continuateur de la monarchie contractuelle de Juillet. S'il en est ainsi, le comte de Paris pourra être pour la France un excellent roi — je n'y contredis point — seulement il n'y régnera pas comme représentant la légitimité, mais en vertu d'un contrat, subordonnant la validité de ses titres anciens à la sanction de la souveraineté populaire.

Dans ce cas, il se trouve en concurrence avec le prince Victor, placé franchement sur le terrain de l'appel au peuple, aspirant au trône en raison de titres récents, mais glorieux, qui s'adaptent avec plus de netteté à la doctrine de la révolutioa, L'un, comptant sur un état-major principalement bourgeois, attend sa proclamation d'un vote parlementaire. L'autre, s'appuyant sur les masses profondes des populations rurales, la demande aux suffrages directs du corps électoral. Le premier se rattache au système parlementaire. Le second se réclame du système plébiscitaire. De la comparaison de ces deux points de vue, mis en parallèle, se dégage peut-être la révélation des chances respectives : Si le candidat à la royauté constitutionnelle rencontre faveur auprès de l'oligarchie bourgeoise, le représentant de l'empire met son espoir dans la popularité de sa dynastie.

Au fond de l'âme du peuple, toujours un peu poète, vibre pour longtemps encore la légende napoléonienne. C'est elle qui fit éclore spontanément la plus éclatante manifestation populaire de ce siècle, celle du 10 décembre 1848, qui se déploya avec une expansion irrésistible, malgré et contre l'administration ; ce qui est significatif et rare ; car, en général, dans ces appels à la nation, les gouvernants, qui posent la question et tiennent l'urne, ont un avantage énorme, des chances de gain comparables à celles qui, dans d'autres parties moins relevées, enrichissent le banquier des jeux de hasard aux dépens des malheureux pontes.

En dehors de ces explosions soudaines du vœu national, il est plus malaisé qu'on ne croit de découvrir la vraie majorité; car c'est une matière ondoyante, compressive et de subtile élasticité. Tous les gouvernements sont tombés sur ce point délicat dans une étrange illusion, comptant à l'actif de leur parti les suffrages qu'ils obtenaient, tandis que la même majorité se retrouvait pour le parti contraire, dès que celui-ci avait pour lui le fait accompli. Ce phénomène, qui paraît au premier coup d'œil assez singulier, s'explique tout naturellement par cette raison, que la majorité est en grande partie composée des sceptiques, indifférents ou trembleurs, qui votent perpétuellement dans le sens du gouvernement établi pour éviter une secousse qui les effraye, sauf ensuite à mettre leurs voix au service de l'évolution contraire, qui a su réussir, de sorte que c'est toujours à peu près le même fond d'électeurs qui forment les majorités successives. Les partisans actifs de chaque transformation n'y entrent que pour une faible part, à l'état de matière colorante, afin de donner à la combinaison du jour sa couleur spécifique. Dans un siècle d'opinions chancelantes et de dévouements d'apparat, énervé par le bourgeoisisme, gangrené par le matérialisme, où il y a beaucoup plus d'intérêts en jeu et d'attitudes superficielles que de principes fixes et de fidélité inébranlable, les alliements sont à l'ordre du jour et n'attendent pour se dénoncer qu'une occasion opportune, qui ne les produit nullement, mais simplement les manifeste et leur sert de prétexte.

L'action gouvernementale est bien rarement entre les mains des vraies majorités, qui généralement sont saines, mais passives. Ce sont les minorités audacieuses qui le plus souvent l'exercent, en attirant à elles la foule moutonnière. Une infime minorité, de la plus outrecuidante scélératesse, créa seule la *Terreur*. Son nom suffit à donner la mesure de l'inertie lâche d'un pays où un pareil régime peut fonctionner régulièrement et se dénommer ainsi. N'est-ce pas la condamnation d'une époque et même d'une société, où l'organisation du terrorisme a pu être possible, et, qui plus est, a toujours même quelques chances de se reproduire par suite de l'apathie du grand nombre, laissant la carrière libre aux politiciens professionnels et fauteurs de séditions, qui, dès qu'ils ont escaladé le pouvoir, mettent la main sur les gros bataillons électoraux ? Ceux-ci, qui la veille de leur avènement les combattaient, ne manquent jamais le lendemain de les soutenir de leurs votes. Ce sont les satellites inamovibles d'un soleil amovible, à l'inverse de l'économie planétaire. Le gouvernement jette l'ancre sur ce fond immuable, qui lui facilite sa tâche, tant qu'il se tient debout, mais au jour de la tempête ne le remet jamais à flots. Si les masses sont complaisantes pour tous ses actes durant sa prospérité, dès qu'il est abattu, elles transportent leur versatile docilité à son successeur ; ce qui permet de conclure qu'en France les majorités ne constituent pour tout régime établi, ni un contrepoids dans la bonne fortune, ni un support dans la mauvaise.

Une pareille dose de scepticisme et de flexibilité ne laisse pas d'être alarmante pour l'avenir d'un peuple qui, depuis cent ans, a vu s'élever et disparaître tour à tour tant de constructions fragiles qu'il ne croit ni ne s'attache plus à aucune. Si l'on voulait caractériser cette époque tourmentée, on pourrait l'appeler le siècle des déchéances et des abdications, tant elles surabondent, depuis les plus hauts degrés de l'échelle sociale jusqu'à ses échelons inférieurs. Décidément, comme disait Hamlet du royaume de Danemark, il y a quelque chose de pourri dans le pays de France !

XVII

Le principe générateur du mal est dans la révolution française, qui a tout gâté, qui, en rompant avec la tradition ainsi qu'avec la hiérarchie, a compromis l'ordre, et, pour couronner son œuvre néfaste, entreprend la rupture de la société civile et politique avec Dieu. Cependant une société où l'argent est tout, et où la religion n'est rien, n'offre plus de sécurité. Sans le frein religieux le mal doit nécessairement triompher ; car l'ordre dérive moins de l'œuvre législative que des croyances ; la police et les gendarmes ne suffisent pas à l'assurer. Si l'influence religieuse cesse de s'exercer sur les âmes, la débâcle n'est plus qu'une question de temps et d'occasion. Un gouvernement assez malavisé pour favoriser l'athéisme ou l'irréligion ressemble fort à un propriétaire inintelligent, qui, cédant à l'instigation de mauvais sujets, s'amuserait à déboulonner les étais de sa construction. C'est crime de renverser ce qu'on ne peut remplacer.

Ce serait une erreur de croire que la révolution est un fait particulier à la république ; car l'esprit révolutionnaire se marque à doses différentes dans tous les régimes ébauchés en France depuis un siècle ; mais c'est sous la forme républicaine, qu'il atteint son complet épanouissement, et que se dessine la tentative d'impiété nationale. La démocratie française, au lieu de s'inspirer de l'exemple de la démocratie américaine, qui a encore sur celle-là l'avantage de n'être pas antireligieuse, a fait alliance avec le fanatisme matérialiste, en se couvrant bien à tort du manteau de la science, et a déclaré la guerre à la religion, spécialement au catholicisme ; ce qui est une flagrante inconséquence avec sa théorie du droit des majorités. Dans quelques siècles, lorsque l'épidémie d'impiété ne sera plus qu'un souvenir, on aura peine à comprendre la grossière erreur de la démocratie contemporaine, regardant la religion comme un obstacle au développement des peuples, tandis qu'au contraire la vitalité religieuse et la puissance des Etats apparaissent perpétuellement dans l'histoire comme des phénomènes connexes.

Cette loi historique est confirmée de nos jours par l'expansion continue des quatre plus importantes agglomérations européennes, la Russie, l'Allemagne, l'Autriche, l'Angleterre, qui gardent, chacune à sa manière, le respect et la pratique des saintes croyances. En France, elles ont progressivement décliné, à mesure que le rationalisme répandait ses sophismes et ses amorces ; puis l'ivresse de la raison pure a incliné les armes vers l'incrédulité, et engendré le scepticisme légal, l'athéisme officiel. Tout esprit impartial, pourvu qu'il soit indemne de la *folie rationnelle*, ne peut envisager sans effroi cette infériorité religieuse de la France sceptique ou impie, en face de races rivales, qui ont le bon sens de considérer la religion comme une institution nationale et la grande école du devoir. Il est en outre vraisemblable que seul le christianisme peut fournir la solution approximative, ou du moins le remède au terrible et inextricable problème de la question sociale.

Serait-il donc vrai que le gouvernement est rivé à une secte, et qu'il reçoit l'inspiration des juifs et des francs-maçons ligués contre le catholicisme ? Cent cinquante mille juifs et cinquante mille francs-maçons, en forçant même les chiffres, s'érigeraient donc en maîtres dans un pays où ils ne représentent qu'une infime minorité ! Jamais oligarchie, moins considérable par le nombre et la qualité, puissante seulement par l'argent, l'opiniâtreté et l'audace, ne se serait imposée avec un despotisme plus insolent, en vérité comme si son ascendant était le résultat d'une conquête. On dirait l'envahissement des Gaules par les Francs, l'établissement à l'envers *du camp de Mérovée*, avec cette différence capitale que les braves compagnons des rois francs ont fait la France, l'ont garantie des invasions du Nord, et au Midi du débordement des Sarrasins, tandis que la coalition juive et franc-maçonne conspire sa ruine et prépare sa perte.

Pour effectuer cette œuvre néfaste de dissolution, l'oligarchie juive a eu l'art infernal de mettre à sa solde la plupart des organes de la presse. C'est une force énorme ; car dans la France actuelle la presse constitue le plus puissant levier ; c'est presqu'un quatrième pouvoir. Elle étend son réseau de tous côtés, s'occupe de tout, même des choses de la justice, élabore des instructions, pénètre partout avec ses interviews, ses reporters, passant sans scrupule à travers le fameux mur de la vie privée. Elle jouit d'une absolue liberté, la seule que le régime moderne ait véritablement donnée ; car en général il s'est contenté de formuler pompeusement une liberté abstraite, idéale, qui ne sert à rien, et a restreint ou confisqué les libertés concrètes, qui sont d'un usage plus pratique, et qui presque toutes dérivent des coutumes.

Comme tous les instruments de prodigieuse expansion, le journalisme a fait beaucoup de mal et aussi du bien. Son personnel forme la seule corporation réellement vivante, grâce à l'esprit de corps qui anime ses membres, assurés de trouver chez tous leurs confrères l'appui de la solidarité, en dépit des divergences politiques. Somme toute, en l'état des choses, il faut souhaiter que la presse reste libre, pour que la vérité conserve quelque chance de se faire jour.

Les journaux exercent d'autant plus d'influence, qu'ils créent l'opinion publique dans un pays blasé, sceptique, léger, éminemment curieux, impatient de savoir sans se donner de la peine. Le journal est devenu un besoin, un objet de première nécessité dans la vie moderne. Il y a peut-être lieu de le déplorer sous un point de vue spécial, exclusivement philosophique, en dehors de toute préoccupation politique, en ce sens qu'il contribue à atrophier les esprits, en les tenant dans une surexcitation perpétuelle. Ne produit-il pas sur eux un effet analogue à l'action de l'opium sur les Orientaux? Cette lecture quotidienne amuse, intéresse, fournit une ample moisson de nouvelles et de notions variées, plus ou moins exactes, — peu importe, — et qu'on s'empresse de répandre dans la conversation. Les abonnés et lecteurs, qui sont tout le monde, se saturent des appréciations formulées par les rédacteurs, dont ils absorbent les articles agréablement tournés sous une forme incisive et tranchante, ensuite se figurent avoir pensé ce qu'ils ont lu peu d'heures auparavant. Ils obtiennent ainsi le mirage de la pensée, sans en connaître l'effort. Cet exercice, très compatible avec la paresse d'esprit, finit par rendre importun le travail de la réflexion, et cause insensiblement l'impuissance intellectuelle. Il est si commode de recevoir quotidiennement sa provision d'idées toutes faites, qu'il est inutile de se creuser la cervelle pour s'approvisionner avec son propre fonds : on fait ainsi sa remonte sans fatigue, à peu de frais.

On arrive à se demander ce qu'il adviendrait dans

l'hypothèse où la presse cesserait tout d'un coup sa circulation. Habitués à penser par reflet, et incapables de penser spontanément, les Français, une fois privés du réflecteur normal, seraient plongés dans les ténèbres et frappés d'ahurissement. Les stimulants trop prolongés se transformant en stupéfiants, il est probable que l'abus du journal concourt à l'affaiblissement cérébral, à la dispersion ainsi qu'à l'anémie des facultés intellectuelles. Envisagé au point de vue psychologique, le journal est un agent d'énervement, partant de décadence. Mais il faut s'en accommoder, comme de toutes les manifestations du progrès technique moderne, des chemins de fer, télégraphes, téléphones, des merveilleuses découvertes des sciences physiques, même de la chimie, cette science scélérate, qui fera quelque jour sauter la société.

Au moins avec le journal il n'y a que les convictions et les écus qui courent parfois des risques. Que de gens en effet changent de manière de voir uniquement parce qu'ils s'abreuvent à une autre source d'informations, parce que les rédacteurs, qui rentrent quelque peu dans la catégorie des hommes ondoyants et divers de Montaigne, ont modifié leur allure ? Que de gens aussi ruinés pour avoir été alléchés par les boniments de la presse, recommandant des placements mirifiques, qui aboutissent à des krachs lamentables? Car le fameux sacerdoce politique, qui florissait dans la première moitié du siècle, a rejoint les neiges d'antan. Il s'est mis au train de l'époque, a pris patente, s'est converti en industriel, enfin a ouvert ses colonnes à la réclame et au trafic des annonces, au risque de favoriser des entreprises interlopes, des impostures et des escroqueries. A la vérité, pour échapper à cette responsabilité, les journaux prétendent qu'ils sont étrangers à tous ces tripotages, que leur quatrième page peut être comparée aux boutiques, qu'un propriétaire loue dans son hôtel, sans cautionner le commerce qui s'y traite. La comparaison, qui ne manque pas de justesse, se retourne contre ses auteurs ; car, en définitive, un propriétaire qui se respecte n'afferme pas son rez-de-chaussée pour y établir des maisons suspectes.

Avec leur flair inné, les juifs ont deviné l'action de la presse et s'en sont emparé, afin de pétrir à leur guise l'esprit public, de fomenter des courants d'idées, d'activer la circulation des nouvelles qui les servent et d'arrêter celles qui leur nuisent. A part quelques feuilles courageuses et virilement indépendantes, qui soutiennent le bon combat et maintiennent l'honneur professionnel, tous les organes de la presse, même de celle qui porte l'étiquette conservatrice, sont à des degrés divers entre les mains de la banque juive, qui les exploite à son profit. A la tête de beaucoup de journaux se trouvent maintenant non plus des hommes politiques ou des publicistes, mais des gens d'affaires, généralement incapables d'écrire un article mais très habiles en manigances et maquignonnages de toutes sortes. Ils forment une confrérie d'entrepreneurs en matière politique, ou de corsaires sédentaires, faisant la traite des rédacteurs.

C'est de ces officines juives et francs-maçonnes que part le signal des attaques dirigées contre le catholicisme, avec une rage et un succès que l'on aura peine à comprendre, lorsque la crise aura pris fin, et qu'on se demandera comment une population catholique dépassant trente millions n'a pas eu honte de laisser molester le culte qu'elle professe ou est censée professer, qu'elle tient de ses pères, et dont le respect constitue pour elle un dépôt sacré. A défaut de sentiment plus élevé, l'amour-propre, l'honneur ne devraient-ils pas inciter les catholiques à défendre leur doctrine confessionnelle contre une poignée de sectaires qui ne cessent de l'outrager et de la persécuter? Jamais une majorité n'a subi une telle dégradation, ni une minorité infime n'a mené une campagne si arrogante contre la foi du plus grand nombre. Les signes de mépris lui sont impunément prodigués de toutes parts. Un acharnement impie s'acharne à écarter des actes les plus solennels les cérémonies religieuses, à introduire l'usage des enterrements civils. Après avoir sécularisé la vie, on menace le respect de la mort par la pratique de l'incinération.

On veut absolument rompre avec les rites consacrés, avec toute tradition, si pieuse, si enracinée qu'elle soit au cœur des populations. Les processions, ces pompes populaires si touchantes et si inoffensives, qui répandent sur les campagnes un parfum de poésie, sont interdites pour complaire à quelques fanatiques d'intolérance, qui, bien libres de n'y prendre aucune part, attentent sans vergogne à la liberté de ceux qu'ils privent d'un usage sanctionné par le temps et par la foi. L'observance du repos dominical, strictement pratiquée dans la libérale Angleterre, porte ombrage, comme si l'on redoutait les revendications des autres jours, choqués de cette inégalité surannée. En verité, on dirait qu'un vent d'impiété et de folie souffle sur ce pays, depuis qu'il a la prétention de se gouverner lui-même. Jamais les sentiments intimes de la majorité n'ont été foulés aux pieds avec cet excès d'arrogance et d'iniquité. Un gouvernement bien avisé, respectueux du principe fondamental qui préside à sa création, laisserait les communes régler à leur gré toutes ces questions irritantes, qui se rattachent aux cultes, aux hôpitaux, aux écoles, à tous les établissements d'instruction. Il s'exonérerait ainsi de beaucoup de dépenses, de bien des embarras, des rancunes, des mécontentements, qui finissent toujours par éclater, et effectuerait en outre de la bonne décentralisation.

Mais cette attitude impartiale ne ferait pas l'affaire des juifs et des francs-maçons, qui ont conçu l'abominable projet de transformer l'irréligion et la guerre à l'Église en instrument de règne. Ils parviennent à leurs fins, en poussant leurs congénères au pouvoir. Autrefois l'on disait qu'un jacobin ministre n'était pas un ministre jacobin ; aujourd'hui il y a progrès ; un jacobin ministre reste constamment jacobin et le devient de plus en plus. Du reste, le régime actuel affecte un caractère tout particulier d'étroitesse et d'exclusivisme. Les régimes antérieurs s'appliquaient à se concilier des adhésions et à s'assimiler par voie de ralliements individuels les éléments réfractaires.

Celui-ci, au contraire, dédaigne d'acquérir de nouveaux partisans. Les anciens lui suffisent, même au delà, attendu qu'il se montre plus soucieux d'éclaircir que de grossir ses rangs, absolument comme s'il s'agissait de jouir en communauté d'une conquête ; dans ce cas, en effet, plus le nombre des participants s'étend, plus les parts se réduisent. C'est ce que ne veulent pas les bons démagogues, qui ont conquis la France, l'occupent en maîtres et entendent l'exploiter à leur gré et à leur profit exclusif, se refusant à admettre dans le syndicat d'exploitation de nouveaux venus, qui, lorsqu'ils se présentent en ralliés, au lieu d'être accueillis à bras ouverts, sont regardés de travers et reçus avec ces grognements significatifs entendus dans les curées. Il n'y a que les sectes intolérantes qui soient ainsi fermées, de même qu'il n'y a que l'aveuglement de l'esprit sectaire qui puisse induire un gouvernement à pactiser avec les théories anarchiques, à primer des émeutiers, les pensionner, les récompenser, à prodiguer les complaisances, voire même les faveurs à des fauteurs de grèves, des artisans de désordres, et à célébrer de sinistres anniversaires.

XVIII

Cependant tout organisme gouvernemental, quelle que soit son origine, ne doit jamais perdre de vue que son premier devoir est d'assurer l'ordre, et d'autre part que l'ordre dépend moins encore des lois et des règlements que des principes et des mœurs. La répression est insuffisante si la discipline morale fait défaut, comme on a tant de fois sujet de le remarquer. Le frein efficace se trouve dans la religion, qui est encore, s'il est possible, plus nécessaire à un État républicain qu'à tout autre régime, par l'excellente raison que le principe d'autorité s'y montre plus relâché, plus faible, plus discuté. Un État bien gouverné doit assurer la paix religieuse et veiller au respect de la religion, qui correspond incontestablement à un intérêt social et dès lors constitue un service d'ordre public. Lorsqu'un régime politique quelconque est convaincu de ne plus savoir, vouloir ou pouvoir sauvegarder la société placée sous sa tutelle, il se trouve bien près de sa perte ; et, s'il ne change pas ou n'est pas changé, la société elle-même est alors perdue.

Deux écueils attendent dans sa marche toute république démocratique et l'exposent, si elle n'a pas le secret de les éviter, à être rangée parmi les conceptions politiques d'ordre inférieur : d'une part, c'est que tout s'y évalue et s'y fait à prix d'argent, qu'aucun service ne s'y remplit gratuitement, comme dans le système aristocratique ; qu'en un mot l'argent est le principal moteur, le grand ressort du système démocratique : rien ne contribue davantage à l'abaissement de l'âme humaine. D'autre part, c'est que les chefs, investis du pouvoir bien plus que de l'autorité, y sont perpétuellement influencés et souvent dominés par la queue du parti ; qu'ils lui obéissent au lieu de lui commander ; qu'en définitive l'impulsion vient d'en bas au lieu de partir d'en haut ; que cette interversion engendre une sorte de désordre constitutionnel, au mépris de toutes les lois aussi bien dogmatiques qu'expérimentales. Il est vraiment fâcheux pour le bon renom de ce régime, que la lie remuante et ambitieuse de chaque localité le regarde comme sa chose personnelle, son champ privilégié d'exploitation. Il aurait le plus grand intérêt à la tenir à l'écart, contenir ses appétits, réprimer sa licence, au lieu de les encourager par sa faiblesse, des complaisances et des faveurs qui ne sont pas moins compromettantes pour lui qu'inquiétantes pour les honnêtes gens ; en effet, c'est le signe d'un État profondément troublé, lorsque ceux-ci ne sont pas rassurés et que les turbulents exultent.

En dernière analyse, la France semble indissolublement rivée au régime démocratique, parce que l'esprit révolutionnaire, qui prédomine, et les ruines, qu'il a accumulées, n'en permettent plus d'autre. Ces résultats sont les fruits de la révolution. Que ceux qui trouvent que tout est pour le mieux dans le meilleur des mondes la glorifient, c'est tout naturel ; mais que des conservateurs avérés, qui gémissent de ses conséquences, cessent de s'incliner devant la cause du mal, de saluer dans l'évocation de *dix-sept cent quatre-vingt-neuf* une date à jamais néfaste et dans la *Grande Constituante* une assemblée qui a semé tous les germes de dissolution et fabriqué l'engrenage où, pièce à pièce, passera la nation tout entière. Car la révolution est d'essence insatiable, n'admet ni restrictions ni cran d'arrêt. Son génie, épris de destruction, n'élabore que des ébauches, avorte dans ses créations, et n'aboutit qu'à la dissolution. Comme Méphistophélès à Faust, il répond : « Je suis l'esprit de négation ! »

Le malheur a voulu que précisément depuis 1789, et par l'initiative de la fameuse *Constituante*, la France, au lieu de procéder historiquement, selon les faits et les données de l'histoire, se soit opiniâtrée à procéder spéculativement, suivant les théories abstraites des métaphysiciens. En se détournant du droit historique, qui était son guide séculaire, pour se mettre à la remorque des idéologues, elle a donné en plein sur l'écueil signalé par le Grand Frédéric, lorsqu'il disait : « Si je voulais perdre un pays, je le donnerais à gouverner à des philosophes ». Ses successeurs ont recueilli et conservent son opinion.

XIX

Le régime démocratique, qui est évidemment le lot définitif du pays, peut fonctionnner parfaitement sous deux formes différentes : la forme républicaine, qui est en pleine vigueur, et la forme césarienne, impériale, ou monarchie de l'appel au peuple, car ces deux conceptions politiques, en dépit de leur rivalité, reposent sur le même principe : celui de la souveraineté populaire proclamée par la révolution. Il peut aussi s'adapter avec plus ou moins de justesse à la néo-légitimité, c'est-à-dire à la monarchie parlementaire, la royauté des princes d'Orléans.

Si la république se résout à procurer l'ordre dans son intégrité, elle a chance de vivre, ne serait-ce qu'en raison de l'apathie générale. Sinon, à un jour inconnu et qu'aucun signe n'annoncera même à la veille de son éclosion, le pays, saturé d'agitations, saisi d'effroi, aura un de ces brusques réveils qui sont un trait de sa nature élastique, et se réfugiera, pour s'y refaire et s'y reposer, dans une monarchie démocratique, fondée sur le suffrage universel, la seule qui soit adéquate aux besoins et aux aspirations d'un peuple pétri jusqu'aux moelles d'esprit révolutionnaire. Pourvu que d'ici là la France ne verse pas dans le socialisme, qui progresse à vue d'œil, pour sombrer ensuite dans l'anarchie, laquelle rêve la nationalisation du capital en imitation de la nationalisation des biens du clergé et de la noblesse! Vraiment un miracle semble nécessaire pour conjurer le péril. Mais tout miracle vient de Dieu, dont la démocratie française s'éloigne et ne veut plus.

Pendant ce temps, les scandales si retentissants de l'affaire du Panama, ridiculement présentée sous le prisme fantastique d'entreprise nationale et se dénouant sous la forme hideuse de la plus colossale escroquerie, semble surgir à point pour sonner le glas d'une société agonisante. Mais nul signe, si éclatant qu'il soit, ne possède la vertu de dessiller des yeux, qui volontairement se détournent de la lumière.

Des trois forteresses qui protègent l'édifice social, la religion, la famille et la propriété, la première est démantelée, la seconde se disloque. Les bourgeois ont grandement participé à la ruine de la première, et subissent les coups portés à la seconde avec ce caractère de Ponce-Pilate, qui leur appartient. Ils sacrifient tout en vue de sauver le troisième boulevard, cette propriété si chère à leur cœur, sans se rappeler que la lâcheté des concessions n'a jamais détourné l'orage. Mais ce sera un déshonneur sans compensations; car il est violemment attaqué à son tour, et court grand risque d'être emporté. La guerre est déjà déclarée entre le capital et le travail; chaque jour la crise s'accentue et manifeste chez les assaillants une fermeté dans le dessein et une énergie dans l'exécution qui n'ont de comparables que l'imprévoyance et la mollesse de la défense. L'entrée en scène du prolétariat, ce redoutable quatrième état, marque l'acte final du drame révolutionnaire.

Comme il n'y a plus à donner en pâture aux passions démagogiques les biens et privilèges de la noblesse et du clergé, celles-ci se tournent avec la même voracité contre les biens et privilèges de la bourgeoisie, et mettent à l'ordre du jour l'expropriation du capital.

C'est sur ce terrain maintenant bien défini que les dernières couches sociales, s'émancipant à leur tour, livreront la grande bataille du prolétariat contre le capital; si les prolétaires la gagnent, c'en est fait de la France. Les barbares de l'intérieur s'y établiront en vainqueurs. Ce sera la conquête suprême de 1789 :

Finis Galliæ!

FIN

3564-92. — Corbeil. Imprimerie Crété.

CATALOGUE

DE

GAUME & CIE, ÉDITEURS

3, Rue de l'Abbaye, à PARIS

RELIGION

I. — THÉOLOGIE.

Auteur	Ouvrage	Prix
ABELLY.	**Vertus de saint Vincent de Paul.** 1 vol. in-8, *net*	3 »
ALADEL (H.).	**Médaille (la) miraculeuse.** 1 vol in-12. br.	3 50
BENITEZ (J.).	**Catecismo de la doctrina cristiana.** 1 vol. in-18	» 80
BOSSUET.	**Œuvres complètes.** 12 vol. gr. in-8	96 »
BOURRET (Mgr).	**Réponse aux principales attaques qui ont cours contre l'Église.** Br. in-8	1 »
	Réponse aux principaux sophismes que l'on met en avant contre les droits de l'Eglise à l'enseignement. Br. in-18	» 30
	Respect (du) dû à la religion et à ses ministres. Br. in-8	» 80
BRISPOT (Abbé).	**La vie de N.-S. Jésus-Christ.** 3 vol. gr. in-8.	22 »
BURGUIERE (Abbé).	**Quelques scènes de la Passion de N.-S. Jésus Christ.** 1 vol. in-8	4 »
BUSSON (Abbé).	**L'âme pieuse avec Dieu.** 1 vol. in-18	2 »
	Lettres spirituelles. 1 vol. in-12	2 25
	Règles de la vie chrétienne. 2 vol. in-12	3 »
CALMETTE (G.).	**Traité de l'administration temporelle des associations religieuses et des fabriques paroissiales.** 1 vol. in-12	4 »
CARRIÈRES (le R. P.).	**La Sainte Bible.** 8 vol. petit in-8	24 »
CHEVASSU.	**Méditations ecclésiast.** 3 vol. in-8	10 »
COLDHAGEN (H.).	**Novum Testamentum J.-C. græcum.** In-8.	10 »
CONSTANT (le P.).	**La Foi et les Vertus militaires.** Br. gr. in-8.	» 80
	» » Edition in-18.	» 40
	La Chasteté, la Pauvreté et l'Obéissance monastiques devant le Rationalisme, 2e édit. Br. in-8	1 50
	Le Rosaire du Pèlerin. In-12	1 »
	Œuvres oratoires. In-12	2 »
	Le Clergé de France en 1892. In-12	1 50
COURBON.	**Instructions familières sur l'Oraison mentale.** 1 vol. in-12	3 »
DIDON (Abbé).	**Nouveau mois de Marie.** 1 vol. in-18	» 60

DOMINGET (le R. P.).	**Les Missionnaires et les Directeurs de Stations et de retraites.** 1 vol. in-8......	6	»
DRACH (L.-B.).	**Le pieux Hébraïsant.** In-12...............	3	»
EGRON.	**Le Culte de la Sainte-Vierge.** 1 vol. in-8..	6	»
EUDES (Abbé).	**Le Guide du cœur.** In-18...................	»	80
FERRET (Abbé).	**La Confession.** 1 vol. in-18................	»	50
FRECENON (R. P.).	**Les Promesses du cœur de Jésus.** 1 v. in-12.	2	50
GAMS (le R. H.).	**Année du martyre des apôtres Pierre et Paul.** Br. gr. in-8......................	1	50
	Actes des Apôtres. In-12.................	1	»
	Épîtres et Evangiles. 1 vol. in-18, cart.....	»	50
	Manuel du Chrétien. 1 vol. in-32..........	2	50
	» » » beau papier.	3	50
	» » 1 vol. in-12..........	8	»
	Nouveau Testament. 1 vol. in-12..........	6	»
	» » in-32..............	2	»
	» » » beau papier.....	2	50
	Psaumes. 1 vol. in-32.......................	1	50
	» 1 vol. in-12......................	1	50
GAUME (Mgr).	**Angelus (l') au XIXe siècle.** 1 vol. in-18...	2	»
	» » Edit. illustr. 1 vol. in-8.	2	»
	A quoi sert le Pape? Br. in-18............	»	10
	Bénédicité (le). 1 vol. in-18...............	2	»
	Bethléem. 1 vol. in-18.......................	1	50
	Catéchisme de persévérance. 8 vol. in-8..	35	»
	Catéchisme de persévérance (abrégé du)..	1	80
	Catéchisme des mères. In-18............	1	»
	Catéchisme (petit) des mères. In-18.......	»	50
	Catéchisme (petit) du syllabus. 1 vol. in-32.	»	20
	Catecismo de perseverancia. 4 vol. in-8..	25	»
	Catecismo (compendio del). 1 vol. in-18...	2	»
	Catecismo (compendio abreviado del). 1 vol. in-18................................	1	50
	Credo. 1 vol. in-18............................	»	80
	» Edit. illustrée. 1 vol. in-8............	1	50
	Eau (l') bénite au XIXe siècle. 1 vol. in-18.	2	»
	El gran dia se aproxima. 1 vol. in-18.....	2	»
	Evangélisation apostolique du globe. 1 vol. in-12,..............................	1	50
	Génuflexion (la). 1 vol. in-18............	1	50
	Grand (le) jour approche. 1 vol. in-18......	»	90
	Histoire de la société domestique. 2 vol. in-8..	12	»
	Judith et Esther. 1 vol. in-18.............	1	30
	Marie, étoile de la mer. 1 vol. in-18......	1	»
	Manuel des confesseurs. 1 vol. in-8.......	6	»
	Peur (la) du Pape. Br. in-8.................	»	80
	Profanation (la) du Dimanche, 1 vol. in-18.	1	30
	La Religion dans le temps et dans l'éternité. 1 vol. in-18...................	1	30
	La Religion en el Tiempo y en la Eternidad. 1 vol. in-18......................	»	50
	Scrupule (le). 1 vol. in-18.................	1	30
	Seigneur (le) est mon partage............	»	90
	Signe (le) de la Croix au XIXe siècle. In-18.	2	»
	Signe (un) des temps. 1 vol. in-18.........	1	»
	Traité du Saint-Esprit. 2 vol. in-8........	12	»
	Vie (la) n'est pas la vie. 1 vol. in-18......	2	»
GERBET (Mgr).	**De la papauté.** Br. in-8..................	1	»
GOSCHLER.	**Dictionnaire encyclop. de la Théologie catholique.** 26 vol. in-8...............	130	»
GROU (le R. P.)	**Le chrétien sanctifié par l'Oraison dominicale.** 1 vol. in-32.....................	»	80

Auteur	Ouvrage	Prix
HOHENLOHE (de).	**Heures catholiques.** 1 vol. in-18........	» 50
HUGUENIN (L.).	**Expositio methodica Juris canonici.** 1 v. gr. in-8..............................	7 »
HUGUENIN (L.),	**Appendice à l'Expositio** (Précis de législation civile-ecclésiastique en France). 1 vol,.......	2 »
	Constitutionis Apostolicæ Sedis brevis Explanatio. Br. in-18..................	» 80
	Mouvement (du) canonique en France. In-8	1 50
LALLEMANT (le P.).	**Imitation de Jésus-Christ avec méditations de l'abbé Chesnard.** 1 vol. in-32...	3 »
	Imitation de Jésus-Christ. Edition miniature. 1 vol. in-64..	4 »
	Imitation de Jésus-Christ à l'usage des enfants de Marie. 1 vol. in-32...........	1 30
	Imitation (le 4e livre de l') de J.-C. Br. in-12.	» 20
	Imitation de Jésus-Christ avec Messe, Vêpres et Complies. 1 vol. in-32.........	1 »
	La même. Edition en gros caractères. In-12......	1 50
LEBRETHON (F.).	**Theologia seminariorum totius orbis.** 5 vol. in-18................................	12 »
LEHMKUHL (le R. P.)	**Theologia moralis.** 2 vol. gr. in-8..........	20 »
LÉONARD de PORT-MAURICE (S.).	**Livre (le) des résolutions.** 1 vol. in-32.....	» 60
LIEBERMANN.	**Institutions théologiques.** 5 vol. in-8......	20
LIGUORI (S. Alph. de).	**Horloge de la passion,** trad. par Mgr Gaume. 1 vol. in-18................................	1 30
	Livre de prières. 1 vol. in-18....	2 25
	Méditation (une) pour chaque jour. 1 vol. in-18	3 »
	Préparation à la mort. 1 vol. in-12........	2 50
	Selva. traduction de Mgr Gaume. 1 vol. (sous presse).	
	Visites au Saint-Sacrement. 1 vol. in-18..	1 »
	Theologia ex Liguorio. 7 vol. in-12.........	12 »
MARC.	**Institutiones morales.** 2 in-8...............	15 50
M. de NOIRLIEU (Abbé).	**La Bible de l'enfance.** 1 vol. in-12 cart....	1 20
	» » Edit. illustrée. 1 vol. in-8.	2 »
MOREAU (L.).	**Imitation de Jésus-Christ,** traduction nouvelle accompagnée de réflexions et de prières empruntées aux Pères de l'Église, aux Docteurs et aux Saints. 3e édition. 1 vol. in-12.........	4 »
OLIER.	**Catéchisme de la vie intérieure.** 1 v. in-32.	» 60
PERRONE.	**Prælectiones Theologicæ.** 4 vol. in-8......	20 »
PITRAY (Vicomtesse de).	**Journée (la) du petit Enfant Chrétien.** In-18.	1 30
POSTEL (Mgr).	**Lectures du matin.** 1 vol. in-12..........	1 50
PUCHESSE (de).	**Le Catholicisme.** 2 vol. in-12...............	6 »
RABORY (Dom). O. S. B.	**Le Psautier de la première Communion.** 1 vol. in-12..................................	3 »
	Illustré de 16 chromos tirés de l'album de Kellerhoven	13 »
RAGEY (le P.).	**Le Virginal de Marie.** 1 vol. in-18.........	1 »
RAVIER (Abbé).	**La Clef du trésor de l'Église.** 1 vol. in-12.	3 »
REUSCH.	**La Bible et la nature.** 1 vol. in-8..........	6 »
ROHRBACHER (Abbé).	**Religion méditée.** 2 vol. in-12...............	4 »
ROSWEYD.	**De Imitatione Christi.** 1 vol. in-48....... .	1 30
SAMBUCY (Abbé de).	**Manuel du chapelet et du rosaire.** 1 v. in-8.	1 »
	Manuel du pénitent 1 vol. in-18..........	1 »
SORIGNET (A.).	**La Cosmogonie de la Bible.** 1 vol. in-8....	6 »
SPOL (E.).	**Dictionnaire de la Bible.** 1 vol. in-12......	4 »
SÆTTLER.	**Theologia moralis universa.** 6 vol. in-8...	24 »
VASSEL (T.).	**Le Serviteur de Marie.** 1 vol. in-18.......	2 50
VERNIER (J.-B.-T.).	**Theologia practica.** 2 vol. in-8......... .	10 »
VIVIER (Abbé).	**Du zèle de la perfection religieuse.** In-32.	» 80

II. — POLÉMIQUE.

Auteur	Titre	Prix	
ARDANT (G.).	**Papes et Paysans.** 1 vol. in-12	2	»
BIANCHI.	**De la puissance ecclésiastique.** 2 vol. in-8.	14	»
BOUILLIER (Fr.).	**Université (l') sous M. Ferry.** 1 vol. in-12.	3	50
BOURRET (Mgr).	**Principales (les) raisons d'être des ordres religieux.** Br. in-8	1	»
BRETTES (Abbé).	**Nos Maîtres.** 1 vol. in-12	3	»
	Principes de 89. In-12	3	»
CONSTANT (R. P.).	**Le Clergé de France en 1892.** 1 vol. in-12.	1	»
CAUVIERE (J.).	**Lien (le) conjugal.** In-8	2	»
DESJARDINS (le P. E.).	**Encore Galilée!** 1 vol. in-8	3	»
DOLLINGER.	**La Réforme.** 3 vol. in-8	20	»
DONEY (Mgr).	**Mandements.** 1 vol. in-8	6	»
EXAUVILLEZ (d').	**La Pierre de touche des nouvelles doctrines.** 1 vol. in-12	1	»
GARNIER (l'Abbé).	**La Réforme des études classiques**	»	50
GAUME (Mgr).	**Catholicisme (du) dans l'Éducation.** 1 vol. in-8	5	»
	Cimetière (le) au XIXe siècle. 1 vol. in-18.	2	»
	Les Étapes de l'antichristianisme. 3 vol. in-8 (*sous presse*)	12	»
	Le Ver rongeur. 1 vol. in 8	6	»
	Lettres à Mgr Dupanloup. 1 vol. in-8	6	»
	Mort au cléricalisme. 1 vol. in-18	1	60
	Où en sommes-nous? 1 vol. in-8	5	»
	Pie IX et les études classiques. 1 v. in-12.	1	50
GERBERT (Mgr).	**Mandement du 10 octobre 1869.** 1 v. in-8.	1	»
GYPENDOLE (E. de).	**Onguent contre la morsure de la Vipère noire.** 1 vol. in-32	1	»
KETTELER (Mgr de).	**Concile (le) œcuménique.** 1 v. in-12	2	»
LEPROVOST DE LAUNAY.	**Manuel des Lois de l'Enseignement primaire.** 1 vol. in-18	2	50
MEULEY (Abbé).	**Prêtre et Citoyen.** Br. in-12	»	50
MOREAU (L.).	**Maistre (de).** 1 vol. in-12	4	»
RAPIN (le P.).	**Histoire du Jansénisme.** 1 vol. in-8	6	»
VEUILLOT (Louis).	**Le Fond de Giboyer.** 1 vol. in-12	3	»

III. — PATROLOGIE.

Auteur	Titre	Prix	
ALZOG (Dr).	**Manuel de patrologie,** 1 vol. in 8	6	»
AUGUSTIN (Saint).	**Opera omnia.** 22 vol. gr. in-8	240	»
	De civitate Dei. 1 vol. gr. in-8	20	»
BASILE (Saint).	**Opera omnia.** 6 vol. gr. in-8	90	»
BERNARD (Saint).	**Opera omnia.** 4 vol. gr. in-8	60	»
CHRYSOSTOME (Saint).	**Opera omnia.** 26 vol. gr. in-8	400	»
SCHMID (J.).	**Précis de patrologie.** In-12	2	50
VILLAUME (R. P.).	**Tables générales des Orateurs sacrés.** 1 vol. gr. in-8	25	»

IV. — SERMONNAIRES.

Auteur	Titre	Prix	
BLIN.	**Sermons.** 4 vol. in-12	15	»
BOSSUET.	**Œuvres complètes.** 12 vol. gr. in-8	96	»
BOURDALOUE.	**Œuvres complètes.** 6 vol. in-8	18	»
FENELON.	**Œuvres complètes.** 10 vol. in-8	90	»
MASSILLON.	**Œuvres complètes.** 3 vol. in-8	13	»
PASSAGLIA (le R. P.).	**Conférences prononcées dans l'église du Gésu.** 1 vol. in-12	2	»
VIREL (Abbé).	**Conférences ecclésiastiques d'Arras.** 1 vol. in-8	6	»

V. — BIOGRAPHIES.

Auteur	Ouvrage	Prix
ABELLY.	**Vie de saint Vincent de Paul.** 3 vol. in-8 (*net*)	9 »
	» » 2 vol. in-12	6 »
BESSON (Mgr).	**Vie de l'abbé Busson.** 1 vol. in-12	3 50
BOUILLIER (Fr.).	**Notice sur M. Chevriaux.** Br. in-8	» 50
BUSSON (Abbé).	**Vie d'Armelle Nicolas.** 1 vol. in-12	2 25
CAREL (E.).	**Vieira, sa vie et ses œuvres.** 1 vol. in-12	4 »
CHAUGY (la R. M. Madeleine-Françoise de).	**Vies de huit vénérables veuves, etc.** 1 vol. in-12	4 »
CONSTANT (R. P.).	**Vie de saint Raymond de Pennafort.** In-12	1 »
DARAS (Abbé).	**Les saints et les bienheureux du XVIIIe siècle.** 2 vol. in-12	6 »
	Monseigneur Gaume, sa mission, ses avertissements. 1 vol. in-8 (*sous presse*)	2 »
	Vie de la Bienheureuse Marguerite-Marie. 1 vol. in-18	1 »
	Vies des Saints. 4 vol. in-12	14 »
GAUME (Mgr).	**Biographies évangéliques.** 2 vol. in-8	10 »
NÉGRIÉ.	**Czacki (Mgr).** Br. gr. in-8	1 »
PITRAY (Vtesse de).	**Mon Bon Gaston.** 1 vol. in-12	3 »
	Ma Chère Maman. 1 vol. in-12	3 »
RICARD (Mgr A.).	**L'abbé Combalot.** 1 vol. in-12	4 »
	» » Beau papier	5 »
ROHRBACHER (Abbé).	**Vie des Saints.** 6 vol. in-8	32 »
THIESSON.	**Histoire de sainte Cécile.** 1 vol. in-12	3 »
VEUILLOT (Louis).	**Etude sur saint Vincent de Paul.** Br. in-18	» 80

ARTS ET SCIENCES

Auteur	Ouvrage	Prix
BAILLON.	**Dictionnaire de Botanique.** T. Ier	50 »
BALTENWECK (Ed.).	**Simples éléments de comptabilité.** 1 v. in-12	1 »
BISCHOFF.	**Méthode élémentaire d'Orgue, d'Harmonie et de Plain-Chant.** 1 vol. in-4	10 »
	Motets et Faux-Bourdons. 1 vol. in-4	5 50
	Pratique (la) du plain-chant. In-12	2 50
BEAUFRANCHET (Vic. de).	**Oratorio de saint Vincent de Paul.** 1 v. in-4	8 »
CLEMENT (F.).	**Histoire des Beaux-Arts.** 1 vol. gr. in-8	15 »
CŒURET (Aug.)	**Manuel du petit marin,** édit. illustrée. In-12	3 »
DAVIN (chan.).	**Les Antiquités chrétiennes** rapportées à la *Cappella greca*. 1 vol. gr. in-8	15 »
HÆCHENS.	**Annuaire météorologique de la France** (1849-1862). 4 vol. gr. in-8, net	60 »
GAUME (Al.).	**Recherches sur l'Equitation militaire.** In-12	3 »
	Remarques sur les chevaux de guerre. 1 vol. in-12	3 »
JANEL.	**Noëls anciens.** 1 vol. in-18	4 »
KELLERHOVEN.	**Album (Vie des saints illustrée).** In-16	25 »
LEFEBRE (G.).	**Traité d'Harmonie.** 1 vol. in-8	12 »
MEGRET (Dom Ch.).	**Le Chant liturgique.** 1 vol. in-8	2 »
MONCINY.	**Petite méthode de dessin.** In-18	» 50
	Traité élémentaire d'hygiène. In-18	» 25
NIEDERMEYER.	**Accompagnement pour orgue.** 2 vol. in-4	28 »
PINAULT (Abbé).	**Traité de physique.** 1 vol. in-8	6 »
SEGUR (Mgr de).	**Album de Mgr de Ségur.** Petite édition	6 »
	— — — Grande édition	20 »
TOUZERY (Abbé).	**Étude du Plain-Chant.** In-8	» 80
WENDRICH.	**Statistique internationale des chemins de fer.** In-4	5 »
VIOLLET-LE-DUC	**Mémoire sur la défense de Paris.** Grand in-4° avec atlas	25 »
WOLTER (Abbé).	**Le plain-chant et la liturgie.** Br. gr. in-8	1 50

*

GÉOGRAPHIE

ARSAC (J. d').	**Cours de Géographie.** 1 vol. in-12	3 »
BERTHE (Abbé) et J. CANDA.	**Éléments de Géographie générale :**	
	1re *Partie.* Questions et réponses. 1 vol. in-12, » 90. — Cahier-questionnaire. 1 vol. in-8, 1 ». — Atlas de 11 cartes	2 »
	2e *Partie.* Questions et réponses. 1 vol. in-12, 1 50. — Cahier-questionnaire. 1 vol. in-8, 1 50. — Atlas de 19 cartes	3 »
	3e *Partie.* Questions et réponses. 1 vol. in-12, 2 50. — Cahier-questionnaire. 1 vol. in-8, 2 50. — Atlas de 22 cartes	4 »
	4e *Partie.* Questions et réponses. 1 vol. in-12, 2 50. — Cahier-questionnaire. 1 vol. in-8, 2 50. — Atlas de 22 cartes	4 »
	5e *Partie.* (En préparation).	
DUFOUR.	**Atlas de l'Histoire universelle de l'Eglise par l'abbé Rohrbacher.** 24 cartes in-fo, Rel.	24 »
	Atlas historique de la France. 14 cartes in-8.	5 »
LAUNAY (Adr.).	**Atlas des Missions.** 1 vol. gr. in fo	15 »

HISTOIRE

ANDRYANE (A.).	**Mémoires d'un prisonnier d'État.** 2 v. in-12.	8 »
AYROLES (R. P.).	**La Vraie Jeanne d'Arc.** In-4	15 »
	Jeanne d'Arc sur les autels. In-12	3 »
BASQUIN (And.).	**Christophe Colomb** (1492-1892). 1 vol. in-12.	1 »
BAZIN (Hervé).	**Les Grandes Journées de la Chrétienté,** 1 vol. gr. in-8 illustré	8 »
CALONNE (A. de).	**Histoire des abbayes de Dommartin et de Saint-André au-Bois.** 1 vol. in-8	8 »
CARDEVACQUE (A. de).	**Histoire de l'abbaye d'Auchy-les-Moines.** 1 vol. in-8	8 »
CHAMARD (Dom).	**Annales ecclésiastiques de 1869 à 1889.** environ 5 vol. in-4 de 800 pages. Chaque vol.	12 »
CHANTREL (J.).	**Annales ecclésiastiques de 1846 à 1866.** 1 vol. gr. in-8	10 »
	De 1867 à 1868. 1 vol. gr. in-8	10 »
	Cours d'histoire universelle. Cours élémentaire. 6 vol. in-18, le vol. cart.	1 »
	Cours abrégé. 5 vol. in-12, le vol. cart.	3 »
	Cours complet. 6 vol. in-12, le vol. cart.	2 50
	Histoire d'Angleterre. 1 vol. in-12	3 »
	Histoire contemporaine. 1 vol. in-12	5 »
	Histoire de France. 2 vol. in-12	5 »
	Histoire de l'Eglise. 2 vol. in-12	6 »
DARAS	**Lourdes.** 1 vol. in-18	1 »
DEMOLOMBE.	**Adhésion à la consultation de Me Rousse.** In-4, le cent	2 50
DOMENECH (Abbé).	**Confessions (les) d'un Curé de campagne.** 1 vol. in-12	3 50
	Journal d'un Missionnaire au Texas et au Mexique. 1 vol. in-12	4 »
	Souvenirs d'Outre-mer. 1 vol. in-12	3 50
FAUVIN (L.).	**Histoire de l'Église en 12 tableaux.** In-4.	6 »
FELLER (de).	**Biographie universelle.** 9 vol. gr. in-8	4 50

GABOURD (A.).	**Histoire de France.** 20 vol. in-8	110	»
	Histoire de Paris. 5 vol. in-8	30	»
GAUME (Mgr).	**Paris, son passé, son présent, son avenir.** Br. in-18	»	15
	La Révolution française. 1 vol. in-12	1	»
	La Révolution. 12 vol. in-8	42	»
	Les trois Rome. 4 vol. in-12	16	»
	Histoire des Catacombes de Rome. 1 vol. in-12	4	»
	Testament (le) de Pierre le Grand. 1 vol. in-18	1	»
GAUTIER (Léon).	**Table générale de l'Histoire universelle de l'Église par Rohrbacher.** 1 v. gr. in-8.	10	»
GODEFROY (Fréd.).	**Études sur les principaux collèges chrétiens.** 1 vol. in-8	4	»
	Mission (la) de Jeanne d'Arc. 1 vol. in-4	40	»
HENRION.	**Histoire des Missions catholiques.** 4 vol. gr. in-8	40	»
	Histoire générale de l'Église. 13 vol. in-8	36	»
	» » **pendant les XVIIIe et XIXe siècles.** 4 vol. in-8	18	»
HÉRICAULT (Ch. d').	**Histoire de la Révolution racontée aux petits enfants.** 1 vol. in-12 illustré	2	»
	Histoire nationale des naufrages.		
	1800-1830. 1 vol. in-12	3	»
	1830-1850. 1 vol. in-12	3	»
	Almanach de la Révolution (1887-1893). 7 vol. in-32 illustrés	3	50
	Chaque année : 150 fr. le mille et 20 fr. le cent.		
HORNER (R. P.).	**Voyage à la côte orientale d'Afrique.** 1 vol. in-12	3	»
HUC (Abbé).	**Le Christianisme en Chine, en Tartarie et au Thibet.** 4 vol. in-8	24	»
	L'Empire Chinois. 2 vol. in-12	8	»
	Souvenirs d'un voyage dans la Tartarie et le Thibet. 2 vol. in-12	8	»
HUGUENOT (Abbé V.).	**Histoire de France** (cours élém.). In-18 cart.	»	80
	— — (cours moyen)	1	25
	— — (cours supérieur)	2	»
	Histoire Sainte pour les catéchismes. In-18 cart.	»	50
	Précis d'histoire ancienne (cours sup.), programme 1882. In-18 cart.	»	80
JAUNAY (L.).	**Histoire de l'Église catholique.** 1 vol. in-12, cart.	2	75
KETTELER (Mgr de).	**L'Allemagne.** 1 vol. in-8	3	»
MICHAUD.	**Les Croisades.** 2 vol. in-f° rel	170	»
MŒHLER.	**Histoire de l'Église.** 3 vol. in-8	20	»
PITRAY (la V^tesse de).	**Perrou découvert.** Br. in-18	»	50
POULBRIÈRE.	**Servières et son petit séminaire.** 1 v. in-18.	1	»
RAPIN (le P.).	**Mémoires.** 3 vol, in-8	20	»
RICKLIN.	**Mission (la) catholique du Zanguebar.** 1 vol. in-8	3	»
ROHRBACHER (Abbé).	**Histoire universelle de l'Église.** 15 v. gr. in-8.		
	Sans l'atlas	120	»
	Avec l'atlas	140	»
SAINTE-FOI (Ch.).	**Notice sur l'abbé Rohrbacher.** Br. gr. in-8.	»	60
SAINT-PONCY (de)	**Histoire de Marguerite de Valois.** 2 vol. in-12	10	»
	Les Fruits de la Révolution. 1 vol. in-12	»	»
SECRETAIN.	**Sixte-Quint et Henri IV.** 1 vol. in-8	6	»
TAXIL (Léo).	**Les Sœurs de Charité.** In-12	3	50
VAISSETTE (Dom J.).	**Histoire générale du Languedoc.** In-4, le v.	40	»

VENTURA (le R. P.).	**Gloires nouvelles du catholicisme.** 1 vol. in-8	6 »
VEUILLOT (E.).	**Le Piémont dans les Etats de l'Eglise.** 1 vol. in-12	4 »
VEUILLOT (LOUIS).	**Waterloo.** Br. gr. in-8	1 »

LITTÉRATURE

ANDRÉ le CONTEUR.	**Anna et Maria.** 1 vol. in-12	1 »
AUBINEAU (L.).	**Notices littéraires sur le XVIIe siècle.** 1 vol. in-8	6 »
BARTHÉLEMY (Ch.).	**Esprit du Cte Joseph de Maistre.** 1 v. in-12.	3 »
CHAILLIE (de).	**Essai sur la Liberté, l'Egalité et la Fraternité.** 1 vol. in-8	5 »
CHAPOY.	**Recueil de versions latines.** 3 vol. in-12 : 1er vol. (7e, 6e, 5e), 1 25. — 2e vol. (4e, 3e, 2e)	1 50
	— 3e vol. (classes supérieures)	1 50
CHASSANG (A.).	**Cours complet de grammaire grecque, latine et française :**	
	Dictionnaire grec-français. 1 vol. gr. in-8.	15 »
	Dictionnaire grec-français (abrégé). 1 vol.	6 »
	Grammaire française. Cours élément., 1 fr.; cours moyen, 1 fr.; cours supérieur, 3 fr. 50.	
	Grammaire grecque. Cours élément., 1 fr.; abrégée, 1 fr. 50; complète, 3 fr.	
	Grammaire latine. Cours élémentaire, 1 fr.; cours moyen, 1 fr. 60; cours supérieur, 3 fr. 50.	
	Lexique grec-français par Chassang et Durand. 1 vol. in-8 relié	7 50
CLÉMENT (F.).	**Histoire de la Poésie chrétienne.** 1 v. in-8.	6 »
	Introduction à l'Histoire de la Poésie chrétienne. Br. in-8	1 »
COBBETT.	**Nouvelles lettres aux ministres de l'Eglise d'Angleterre et d'Irlande.** 1 vol. in-18	» 80
DARRAS.	**Fables de Phèdre.** 1 vol. in-12	1 50
DELARC (Abbé).	**Impressions d'un aumônier d'hôpital à Paris.** 1 vol. in-12	2 50
DESVES.	**Les deux Jumelles.** 1 vol. in-12	2 »
	Marie de Kervon. 1 vol. in-12	1 »
ESTIENNE (Henri).	**Thesaurus græcæ linguæ.** Ouvrage entièrement revu d'après l'édition anglaise, enrichi d'additions considérables, et disposé selon l'ordre alphabétique, par MM. C. B. Hase Guillaume et L. Dindorf. 9 vol. in-f° imprimés sur papier collé	700 »
EXAUVILLEZ (d').	**Le docteur de village.** 1 vol. in-18	» 80
	Le parfait domestique. 1 vol. in-18	» 80
FERRET (Abbé).	**Contes.** 1 vol, in-12	1 50
	Dick Mac Dougal. In-12	1 »
GARCIN DE TASSY.	**Rhétorique et prosodie des langues de l'Orient.** 2e édition. 1 vol. in-8	10 »
GAUME (Mgr).	**Bibliothèque des classiques chrétiens.** 34 vol. in-12	60 »
	Suéma. 1 vol, in-18	1 30
	» » Edition illustrée	1 50
GJERTZ (Mme).	**Gabrielle.** 1 vol. in-12	3 »
GODEFROY (Fréd.).	**Fables de La Fontaine.** 1 vol. in-12 cart.	3 »
	» » 1 vol. in-18 cart.	» 50
	Grammaire française. Cours élémentaire. 1 vol. in-12	» 60
	» » 2e cours, in-12 cart.	1 25
	» » cours supérieur, in-12 cart.	1 80

Auteur	Ouvrage	Prix
GODEFROY (Fréd.).	**Les Caractères de La Bruyère.** 1 vol. in-12.	3 »
	Histoire de la littérature française au XVIIe siècle. 1 vol. in-8	6 »
	La même au XVIIIe siècle	6 »
	La même au XIXe siècle	6 »
	Histoire de la littérature française depuis le XVIe siècle jusqu'à nos jours; couronnée par l'Académie française. 10 vol. in-8	65 »
	Lettres choisies de Voltaire. 1 vol in-12	3 50
	Manuel du brevet supérieur. 7 fasc. in-12.	8 70
	» **du baccalauréat spécial.** 1 vol. in-12	4 »
	Monsieur Littré. Br. grand in-8	» 40
	Morceaux choisis des poètes et prosateurs du IXe au XVe siècle. 1 vol. in-12.	3 75
	Morceaux choisis des poètes et prosateurs du XVIe siècle. 1 vol. in-12	3 75
	Morceaux choisis des Prosateurs et Poètes français des XVIIe, XVIIIe et XIXe siècles :	
	Cours préparatoire 1 vol. in-12 cart	1 20
	1er cours. 1 vol. in-12 cart	2 75
	2e cours. 1 vol. in-12 cart	3 75
	Cours supérieur. 2 vol. in-12 cart	7 50
	Œuvres poétiques de Boileau. 1 vol. in-12	3 »
	Réformes (les) de l'enseignement secondaire. Br. in-8	» 40
	Théâtre classique. 1 vol. in-12	4 »
HUGUENOT (Abbé).	**Manuel chrétien d'enseignement civique.** 1 vol. in 12, cart	2 50
HURAULT (l'abbé).	**Les Quatrains de l'Enfance.** 1 vol. in-12...	» 80
JAUNAY (L.).	**Précis historique de la littérature française.** 1 vol. in-12	2 »
KAMPS.	**Leçons pratiques de langue allemande.** 1 vol. in-12	2 »
LABBÉ (E.).	**Selectæ e Profanis scriptoribus historiæ.** 1 vol. in-12	1 75
LAHR (R. P. Ch.).	**Essai théorique de construction allemande.** In-12	» 25
LA TOUR (de).	**Scènes de la vie hongroise.** 1 vol. in-12...	3 »
LORIOT.	**Explorations et Missions dans l'Afrique équatoriale.** In-12	3 50
MALVOISIN (E.).	**Phædri Fabularum libri quinque,** 1 vol. in-12 cart	1 20
PESSONNEAUX.	**Grammaire française.** In-12 cart	» 50
PITRAY (Vtesse de).	**Voyages abracadabrants du Gros Philéas.** In-12	3 50
PORTELETTE (C.).	**M. Patience, instituteur en rupture de neutralité.** 1 vol. in-8	1 »
	Version (la) latine à la portée de tous. 1 vol. in-12	2 »
	Plans de compositions françaises. 1 vol. in-12	1 »
ROSNE (Abbé).	**M. de Beauvais.** 1 vol. in-12	» 80
	Surian. Pensées et discours inédits. 1 vol. in-12	3 50
SACHS (Ch.).	**Nouveau dictionnaire encyclopédique des langues française et allemande.** 2 vol. gr. in-8, belle demi-reliure	110 »
TESSIER (P. F.).	**Histoire abrégée de la littérature grecque.** 1 vol. in-12	1 50
TURINAZ (Mgr).	**Émigration (l') rurale.** 1 vol. in-18	1 »

VALCONSEIL (du). **Revue analytique des Romans contemporains.** 2 vol. in-8 .... 10 »

RÉMOND de GOY (Mme). **L'Education des jeunes filles sous l'influence de la foi.** 1 vol. in-12 .... 2 »

VEUILLOT (Louis). **Mélanges religieux** (2e série) 6 vol. in-8 .... 36 »

Satires. 1 vol. in-12 .... 4 »

VINCENT DE PAUL (St). **Lettres choisies.** 2 vol. gr. in-8 .... 12 »

VIOT (Chan.). **Méthode pratique et théorique de la langue latine.** 1 vol. in-8 cart. .... 3 »

Traité élémentaire d'accentuation latine avec une préface de Paul Violet, membre de l'Institut. 1 vol. in-12 cart. 1 30

VISSAC (Abbé). **Poésie (la) latine en France au siècle de Louis XIV.** 1 vol. in-8 .... 3 »

PHILOSOPHIE

BIZOUARD (Joseph). **Des rapports de l'homme avec le démon.** 6 vol. in-8 .... 40 »

JEANJACQUOT (R. P.). **L'Ordre surnaturel.** 1 vol. in-12 .... 3 »

KLEUTGEN (le R. P.). **L'Ontologisme jugé par le St-Siège.** Br. gr. in-8 .... 1 50

La Philosophie scolastique. 4 vol. in-8 24

MEULEY (Abbé). **La Bonté, Science de la Vie.** 1 vol. in-12. 3

La Divine Espérance. 1 vol. in-18 4

MOREAU. **Les Confessions de St Augustin.** 1 vol. in-12. 4

Considérations sur la vraie doctrine. 1 vol. in-12 3

La Destinée de l'homme. 1 vol. in-12 .... 3 50

RATTIER. **Manuel élémentaire de philosophie.** 1 vol. in-12 4

ROHRBACHER. **Catéchisme du sens commun.** 1 vol. in-12. 2

ROUX-LAVERGNE. **Compendium philosophiæ.** 1 vol. in-12 4

VENTURA (le R. P.). **La Philosophie chrétienne.** 3 vol. in-8 16

La Raison philosophique et la raison catholique. 3 vol. in-8, le vol. 6

LANGUES ÉTRANGÈRES

MÉTHODE OLLENDORFF

POUR APPRENDRE

A LIRE, A ÉCRIRE ET A PARLER

UNE LANGUE EN SIX MOIS

APPLIQUÉE

A l'Allemand, 22e édit., 2 vol. in-8 .... 10 fr

A l'Anglais, 17e édit., 1 vol. in-8 .... 10 fr

A l'Espagnol, 8e édit., 1 vol. in-8 .... 10 fr

A l'Italien, 10e édit., 1 vol. in-8 .... 10 fr

Au Latin, 3e édit., 1 vol. in-8 .... 10 fr

Au Russe, vient de paraître. 1 vol. in-8 .... 10 fr

CONDITIONS

Toute réclamation doit nous être adressée dans le délai de quinze jours à dater de l'expédition.

Les demandes au-dessous de 50 francs devront toujours être accompagnées d'un mandat sur la poste.

Le refus de paiement d'une de nos traites entraîne la fermeture du compte.

Les lettres non affranchies sont refusées.

Nos publications nouvelles, envoyées d'office à nos correspondants de la France et de l'étranger, sont portées en compte et réglées comme si elles nous avaient été demandées. Celles qui ne nous sont pas renvoyées franco, dans le délai de trois mois, sont considérées comme vendues et ne peuvent être admises au retour.

Nos comptes de dépôt sont réglés tous les trois mois

TARIF DES RELIURES.

RELIURES	IN-4°	IN-8°	IN-12	IN-18	IN-32	NOVUM TESTAMENTUM	MANUEL du CHRÉTIEN IN-12	MANUEL du CHRÉTIEN IN-32
Percaline tr. jaspé....	2 25	1 30	1 10	» 65	» 45	» 60	1 50	» 80
Basane racine tr. marbrée	4 »	2 »	1 50	1 »	» 80	»	2 50	1 »
Demi-chag. plats papier.	3 »	2 »	1 50	1 30	»	»	2 25	»
Demi-chag. plats toile.	3 30	2 10	1 60	1 50	»	»	2 30	»
Chagrin 2e choix....	12 50	9 »	5 »	3 »	2 30	2 »	»	3 »
Chagrin 1er choix...	18 »	13 »	6 25	3 60	3 »	2 50	7 60	3 75
Maroq. du Levant g. soie.	60 »	38 20	25 »	10 80	9 50	10 »	26 50	12 »
Maroq. du Levant g. chromo	44 »	30 »	19 50	18 40	7 40	6 50	22 »	9 »

ANNUAIRE
DE
L'ENSEIGNEMENT LIBRE
POUR 1893

17e année. — 1 vol. in-18.................... 4 fr.
Prix de la collection des 17 années.......... 55 fr.

GRANDES PUBLICATIONS TERMINÉES

GABOURD

Histoire de France. 20 vol. in-8............................ 110
Histoire de Paris. illustrée de gravures sur acier. 5 vol. in-8.. 30

GOSCHLER

Dictionnaire encyclopédique de la Théologie catholiq rédigé par les plus savants professeurs et docteurs de l'Allemag catholique moderne. 26 vol. in-8 à 2 colonnes, 3e *édition*.. 130
Edition de luxe.. 200

ROHRBACHER

Histoire universelle de l'Église catholique continuée sc forme d'Annales de 1846 à 1868, par J. Chantrel, et de 1869 à 18 par Dom Chamard, avec une **Table générale**, entièrement refond par Léon Gautier, et un **Atlas** historique spécial, dressé p A.-H. Dufour. 8e *édition*. 15 vol. grand in-8 à 2 colonnes, sa **Atlas**.. 120
— avec **Atlas**.. 140
Édition de luxe.. 200
Exemplaire unique sur Impérial Whatman............ ... 1000

Histoire de l'Église en 12 tableaux, par Fauvin, professe à l'Université de Prague. 1 vol. in-4, rel...................... 6

FRÉDÉRIC GODEFROY

Histoire de la Littérature française, depuis le xvie siè jusqu'à nos jours, ouvrage couronné par l'Académie françai 2e édition, 10 vol. in-8.................................. 65

4113-93. — Corbeil. Imprimerie Crété.

HISTOIRE DE L'ÉGLISE EN 12 TABLEAUX

Par l'abbé L. FAUVIN

Lecteur à l'Université de Prague.

1 vol. in-4........................ 6 fr.

Le Directeur d'une des plus importantes revues de l'Enseignement en France a jugé ainsi cet ouvrage :

Nous avons examiné soigneusement ces 12 tableaux et nous n'y avons trouvé rien à redire au point de vue de l'exactitude historique, de la vérité doctrinale, de la netteté des principes.

Les tableaux consacrés à la primitive Eglise y sont particulièrement complets.

Si l'on y donne moins à nos temps, ce n'est pas sans raison; ils sont mieux connus et, dans l'histoire de l'Eglise, l'époque la plus brillante, la plus mouvementée, la plus importante est celle de la fondation apostolique, de la lutte généreuse des martyrs, de l'expansion de l'Eglise dans l'univers et de la floraison patriotique. Les premiers tableaux sont donc consacrés : *à la propagation de la foi par les Apôtres; à la deuxième prédication de l'Eglise, par les premiers disciples des apôtres ; aux dix grandes persécutions générales et à leurs principaux martyrs* (tableau que l'on fait suivre, pour ne pas couper un même sujet, du *tableau de dix autres grandes persécutions* que l'Eglise a éprouvées jusqu'à nos jours); *aux Pères de l'Eglise, aux Saints docteurs et auteurs Ecclésiastiques.*

Puis, viennent les tableaux des schismes et hérésies ; des conciles œcuméniques, nationaux et provinciaux; des souverains Pontifes qui obtiennent naturellement une part privilégiée (4 tableaux), et dont la suite longue et glorieuse termine cette série de tableaux, véritablement tracés avec méthode, exécutés avec savoir et dans de bonnes proportions.

Ajoutons que, si les caractères d'imprimerie sont forcément fins pour suffire à tant de matière, ils sont cependant nets, bien détachés, flatteurs pour l'œil et que la reliure est fort élégante. Le volume est à la fois luxueux et très commode.

Il appartenait aux éditeurs de l'*Histoire universelle de l'Église* de Rohrbacher de publier ces *tableaux* qui formeront avec le splendide *Atlas* de Dufour, les *Annales ecclésiastiques* de Chantrel et la *Table analytique* de Léon Gautier, le couronnement de l'œuvre du savant et modeste écrivain « qui a élevé pour toujours le niveau de l'Histoire. »

Tous les acquéreurs de l'*Histoire universelle* de Rohrbacher voudront posséder ces tableaux que les éditeurs ont eu l'heureuse inspiration de faire imprimer dans le format in-4°, qui est précisément le format de leur 7e édition de Rohrbacher.

3773-93 — [illegible]

www.ingramcontent.com/pod-product-compliance
Ingram Content Group UK Ltd.
Pitfield, Milton Keynes, MK11 3LW, UK
UKHW020139200726
13856UKWH00003B/767